JN093411

青弓社
108
ライブラリー

日本の人種主義

トランスナショナルな視点からの入門書

河合優子

青弓社

日本の人種主義

トランスナショナルな視点からの入門書

目次

第2章　日本の人種概念

第3章　人種混淆

第4章　多様な人種主義

装画——市川リョウコ
装丁——Malpu Design［清水良洋］

はじめに

日本社会では、人種主義（レイシズム）は主に海外の問題であり、具体的にはアメリカの人種差別や南アフリカのアパルトヘイトなど、白人からの黒人やアジア人に対するものと考えられることが多かった。そして「単一民族神話」の影響から、「日本にはほぼ日本人しかいないのだから、人種主義は大きな問題ではない」という見方も依然として強い。

一方、二〇一〇年代に入り、在特会（在日特権を許さない市民の会）などによる在日コリアンや韓国・中国を侮蔑し攻撃するデモや一般書・週刊誌の記事が社会問題化するなかで、人種主義を日本の社会問題と見なすことも増えてきた。そして、「レイシズム」という言葉をタイトルに含め、日本の人種主義を中心に論じた書籍[1]も出版されるようになった。しかし、「人種主義」よりも「ヘイトスピーチ」という言葉が一般化し、人種主義を日本社会の問題として位置づけることが十分におこなわれてきたとはいえない。その背景には、人種といえば「白色人種」「黒色人種」「黄色人種」であり、朝鮮半島や中国につながる人々も「日本人」も同じ「黄色人種」として分類されるため、朝鮮半島や中国につながる人々に対する前述のような行為を人種主義と呼ぶのが、どこか不自然に思えてしまうことが関係しているのではないだろうか。

そこには欧米の人種概念の影響力の強さがある。人種に関する議論はヨーロッパで始まった。第

1章「欧米の人種概念」で詳しく述べるが、人種という言葉は十六世紀ごろヨーロッパ諸語に入り、概念として本格的な学術的議論がなされていくのは十八世紀になってからである。先に述べた人種の三分類が提唱され、「白」「黒」「黄」という色の名称が人種の呼び名につけられたのは十九世紀であり、それ以前には四分類、五分類などが提唱され、呼称も地理上の名称がつけられていた（例えば「黄色人種」は「アジア人」や「モンゴル人」）。つまり、人種はもともと「ある」のではなく、欧米の植民地主義、帝国主義をはじめとする歴史的そして社会的文脈のなかで、人間が異なる人種に分類され、人種グループに対する特定の考え方が広まって「作られてきた」ものである。そして、欧米の人種概念と人種に関する議論（人種理論）は、学問的な「知」として十九世紀に日本に紹介され[2]、強い影響を及ぼしてきた。

そして、人種主義は一九二〇年代から三〇年代にかけて、ナチスのユダヤ人に対する人種主義政策が批判されるなかで、英語（racism）、ドイツ語（Rassismus）、フランス語（racisme）などのヨーロッパ言語で使われるようになった比較的新しい言葉である[3]。人種主義を広く定義すれば、「人種が関わる社会的・政治的な支配、隷属、特権関係の表現[4]」である。つまり、人種主義には人種概念（「人種が関わる」）と権力関係（「支配、隷属、特権」）の二つの要素が関わり、それが意味や行為として社会的そして政治的に表現されるものである。さらに、「人種とは何か」という問いに関わる人種概念は、普遍的、言い換えれば「いつでもどこでも同じ」ではなく、それぞれの地域の歴史的・社会的文脈によって異なる[5]。日本の人種概念は欧米から影響を受けてきたが、その歴史と社会の状況は異なるため、日本と欧米の人種概念は同一のものではない。本書で英語からの外来語「レイシズム」ではなく「人種主義」という言葉を使っているのも、日本の人種概念を意識するためには漢字表記のほうがいいからである。そして、人種主義は人種概念に関わるため、日本と欧米の人種主義のあり方も同じではないということになる。同時に、欧米の人種概念と人種理論の影響を受けてきた日本の人種概念と人種主義は、欧米のそれと無関係ではありえない。

本書の目的は以下の三つである。

一つめに、日本の人種主義をトランスナショナルな視点から、歴史的そして理論的に検討することである。アイヌ、沖縄、被差別部落、「ハーフ」「ミックス」「ダブル」の人々、在日コリアンなど、日本社会のエスニックマイノリティ(6)の周縁化の問題を、英語圏を中心に蓄積されてきた人種主義に関する学術的議論と結び付け、日本社会の文脈を踏まえたうえで人種主義の問題として歴史的に捉えていく。そうすることで、日本とほかの地域の人種主義の共通点と相違点の両方を浮き彫りにし、日本でも人種主義が重要な社会問題でありつづけてきたことを示せるのではないかと考えている。加えて、本書では理論も歴史的なものとして捉え、その変遷に注目する。なぜなら、人間社会に関わる理論・概念は、研究が積み重ねられて修正され、社会が変化することで変わっていく動的なものであり、人種主義関連の書籍もそれを意識して読む必要があるからである。例えば、二〇二〇年に文庫で新訳が出て入手しやすくなったルース・ベネディクトの『レイシズム』は、一九四二年に出版されたものであり、この本で人種、人種主義とされているものは、その当時の社会と人種についての学術的議論の影響を受けている。(7)

二つめは一つめと関連しているが、さまざまな学術分野でおこなわれてきた人種主義研究をまとめ、人種主義をできるだけ包括的に捉えることである。人種主義は社会学、文化人類学、歴史学、法学、心理学、文化研究などで研究されてきたが、それは人種主義が多面的であることを示している。異なる学術分野の人種主義研究をまとめて論じることは、筆者の力量不足もあり、各分野からみれば不十分な部分も出てくるだろう。しかし、それを承知のうえであえておこなうのは、日本社会の人種主義に介入し、その解決に向けた方法を探るために必要な作業だと思うからである。

三つめは、人種主義を「日本とは」「日本人とは」という問いと結び付いた、日本社会で生きる一人ひとりの「日本人」の日常的な意識や行為に関わる問題として位置づけることである。人種主義は「ヘイトスピーチ」に加担するような、特定の人々の意識や行為に関するものと見なされることが多い。しかし、人種主義は実のところ、日常的で「当たり前」と思われている意識や行為に関わるものでもあり、人種主義の解決にはマジョリティ側の意識と行為の変容が欠かせない。本書では、そのような意識や行動はなぜ、どのように生じるのか、そして人種主義とどのように関わっているのかについて考えていく。

本書の構成は以下のとおりである。人種主義には人種概念についての議論が欠かせないため、前半の三つの章は人種概念に注目する。第1章では欧米での人種概念に関する学術的議論を概観し、第2章「日本の人種概念」では欧米の人種概念の影響を受けた日本の人種概念が、それぞれ歴史的にどのように作られ、変遷してきたのかについて論じていく。そして、人種概念が確立していくことで出てくるのが「人種が混じり合うとはどういうことか」という問いである。そこで、第3章「人種混淆」では欧米と日本の人種混淆についての議論をみていく。本書の柱になる第4章「多様な人種主義」では、人種主義の多面性と多様性に焦点を当てる。人種主義に関わる複数の側面について明らかにしたあと、欧米と日本の異なる人種主義のあり方を歴史的にたどり、○○的人種主義(例えば文化的人種主義)とさまざまな接頭語をつけて議論されてきた多様な人種主義について考えていく。後半の三つの章では、人種主義と個人の日常的な意識や行為の関係に着目する。差別(第5章「差別」)、偏見とステレオタイプ(第6章「偏見とステレオタイプ」)、そしてアイデンティティ(第7章「アイデンティティ」)について理論的に検討し、人種主義がこれらとどのようにつながっているのかについて論じていく。第4章以降、数多くの○○的人種主義という言葉が出てくるため、その一覧を五十音順で巻末に付けている。

本論に入る前に一つ断っておきたい。すでに述べたように、人種概念に基づくグループがもともと存在するものではなく、作られたものであるなら、すべてのグループに「 」をつけるべきではあるが(例えば「黒人」)、人種分類や国勢調査のカテゴリー名(特に初出の場合)を除いて「 」をつけていない。ただし、本書のテーマが日本の人種主義であるため、「日本人」に関わるものについてはその構築性を強調するために「 」をつけている。

注

(1) 例えば高史明『レイシズムを解剖する――在日コリアンへの偏見とインターネット』(勁草書房、二〇一五年)、梁英聖『日本型ヘイトスピーチとは何か――社会を破壊するレイシズムの登場』(影書房、二〇一六年)、同『レイシズムとは何か』(〔ちくま新書〕、筑摩書房、二〇二〇年)、清原悠編『レイシズムを考える』(共和国、二〇二一年)など。

（2）竹沢泰子「明治期の地理教科書にみる人種・種・民族」「人文学報」第百十四号、京都大学人文科学研究所、二〇一九年、二〇七―二〇八ページ

（3）Miles, Robert and Brown, Malcolm, *Racism*, (2nd ed.), Routledge, 2003, pp. 58-59.

（4）Goldberg, David Theo and Solomos, John, "General Introduction," in David Theo Goldberg and John Solomos eds., *A Companion to Racial and Ethnic Studies*, Blackwell, 2002, p. 4.

（5）竹沢泰子「人種概念の包括的理解に向けて」、竹沢泰子編『人種概念の普遍性を問う――西洋的パラダイムを超えて』所収、人文書院、二〇〇五年、九―一〇九ページ

（6）第1章「欧米の人種概念」と第2章「日本の人種概念」で論じるように、日本のエスニックマイノリティは人種的・民族的マイノリティとすべきだが、ここでは詳細に論じる前なのでこの言葉を使っている。

（7）第4章「多様な人種主義」で詳しく述べる。ルース・ベネディクト『レイシズム』阿部大樹訳(講談社学術文庫)、講談社、二〇二〇年

第1章　欧米の人種概念

人種カテゴリーですぐに頭に浮かぶのは、おそらく「黒人」や「白人」ではないだろうか。人種とは肌の色の違いに基づいた分類であり、人種カテゴリーはいつの時代でも世界のどこでも同じだと思う人がいるかもしれない。しかしどのような人々の集団が人種とされるのか、そしてどのように分類されるのかは時代や国によって異なる。

表1は、アメリカで一七九〇年以来、十年ごとに実施されている国勢調査の肌の色もしくは人種という項目でのカテゴリーの歴史的変遷である。一八二〇年の国勢調査では「自由白人（free white males and females）」「自由有色人（free colored persons）」「奴隷」の三カテゴリーだったが、一九〇〇年は「白人」「黒人」「中国系」「日系」「インディアン」の五カテゴリー、二〇〇〇年にはその他という選択肢を含めて十五カテゴリーまで増えている。「白人」と「黒人」というカテゴリーにはこれまで出身グループを具体的に記入する欄はなかったが、二〇年の国勢調査ではじめてドイツ系、ハイチ系などと具体的に記入できる欄が設けられた。

備考
質問紙に質問項目名がなく、手引書（instructions）にも記載がない場合には空欄。
質問項目名は手引書に記載。
質問項目名は手引書に記載。
質問項目名は手引書に記載。
・ムラトーは黒人と白人との「混血」。 ・奴隷は別表で、黒人かムラトーを選択。
奴隷は別表で、黒人かムラトーを選択。
・手引書ではムラトーは「8分の3から8分の5混血」を意味し、「4分の3混血」は黒人に分類。8分の1混血には過去に1人でも黒人の祖先がいる人も含まれる。 ・質問項目名は手引書に記載。

表1　アメリカ国勢調査人種カテゴリー変遷

年	質問項目名	カテゴリー
1790年		自由白人（free white males and females)、その他すべての自由人、奴隷
1800年		自由白人、その他すべての自由人（非課税のインディアンを除く)、奴隷
1810年		自由白人、その他すべての自由人（非課税のインディアンを除く)、奴隷
1820年	肌の色（color)	自由白人、自由有色人 (free colored persons)、奴隷
1830年	肌の色	自由白人、自由有色人、奴隷
1840年	肌の色	自由白人、自由有色人、奴隷
1850年	肌の色	白人、黒人、ムラトー
1860年	肌の色	白人、黒人、ムラトー
1870年	肌の色	白人、黒人、ムラトー、中国系、インディアン
1880年	肌の色	白人、黒人、ムラトー、中国系、インディアン
1890年	肌の色	白人、黒人、ムラトー、4分の1混血、8分の1混血、中国系、日系、インディアン
1900年	肌の色もしくは人種 (color or race)	白人、黒人・ニグロ、中国系、日系、インディアン
1910年	肌の色もしくは人種	白人、黒人、ムラトー、中国系、日系、インディアン、その他
1920年	肌の色もしくは人種	白人、黒人、ムラトー、中国系、日系、フィリピン系、ヒンズー、コリア系、インディアン、その他
1930年	肌の色もしくは人種	白人、ニグロ、メキシコ系、中国系、日系、フィリピン系、ヒンズー、コリア系、インディアン、その他
1940年	肌の色もしくは人種	白人、ニグロ、中国系、日系、フィリピン系、ヒンズー、コリア系、インディアン、その他
1950年	人種	白人、ニグロ、中国系、日系、フィリピン系、アメリカインディアン、その他
1960年		白人、ニグロ、中国系、日系、フィリピン系、アメリカインディアン、アリュート、エスキモー、ハワイアン、一部ハワイアン（Part Hawaiian)、その他

	・この質問項目（問４）とは別に、ラテンアメリカ出身か否かを問う出自(origin or descent）の質問項目（問13b）が初登場。選択肢はメキシコ系、プエルトリコ系、キューバ系、中南米系、その他スパニッシュ系、非出身者、の6つ。この年以降、人種と出自の2つの質問項目が併存。選択肢に大きな変動なし。 ・この年から完全に自己申告制に。それ以前は調査員が判定。
	アジアと太平洋諸島の人々がAsian or Pacific Islanders（API）とまとめられていた。
	人種の複数回答が可能になる。
	白人、黒人に個別の出身グループを記入できる欄が設けられる。

〔北樹出版、2004年〕36ページ、United States Census Bureau, *Census Instructions,* (n.d.)〔https://www.census.gov/history/www/through_the_decades/census_instructions/〕［2023年2月22日アクセス］、U.S. Department of Commerce, Bureau of the Census, *200 Years of U.S. Census Taking: Population and Housing Questions, 1790-1990,* 1989〔https://www.census.gov/history/pdf/200years.pdf〕［2023年2月22日アクセス］をもとに筆者作成）

1970年	肌の色もしくは人種	白人、ニグロ・黒人、中国系、日系、フィリピン系、コリア系、アメリカインディアン、ハワイアン、その他
1980年		白人、黒人・ニグロ、中国系、日系、フィリピン系、コリア系、インド系、ベトナム系、アメリカインディアン、エスキモー、アリュート、ハワイアン、グアム、サモア、その他
1990年	人種	白人、黒人・ニグロ、API（中国系、日系、フィリピン系、コリア系、インド系、ベトナム系、ハワイアン、サモア、グアム、その他API）、アメリカインディアン、エスキモー、アリュート、その他
2000年	人種	白人、黒人・アフリカ系アメリカ人・ニグロ、中国系、日系、フィリピン系、コリア系、インド系、ベトナム系、その他アジア系、アメリカインディアン・アラスカ先住民、ハワイ先住民、グアム・チャモロ、サモア、その他太平洋諸島系、その他
2010年	人種	白人、黒人・アフリカ系アメリカ人・ニグロ、中国系、日系、フィリピン系、コリア系、インド系、ベトナム系、その他アジア系、アメリカインディアン・アラスカ先住民、ハワイ先住民、グアム・チャモロ、サモア、その他太平洋諸島系、その他
2020年	人種	白人、黒人・アフリカ系アメリカ人、中国系、日系、フィリピン系、コリア系、インド系、ベトナム系、その他アジア系、アメリカインディアン・アラスカ先住民、ハワイ先住民、チャモロ、サモア、その他太平洋諸島系、その他

（出典：United States Census Bureau, "Questionnaires," United States Census Bureau.〔https://www.census.gov/history/www/through_the_decades/questionnaires/〕［2022年9月1日アクセス］このウェブサイトでは1790年からのアメリカ国勢調査票をみることができる。ほかに、青柳まちこ『国勢調査から考える人種・民族・国籍――オバマはなぜ「黒人」大統領と呼ばれるのか』〔明石書店、2010年〕43ページ、貴堂嘉之『移民国家アメリカの歴史』〔(岩波新書)、岩波書店、2018年〕62-63ページ、中條献『歴史のなかの人種――アメリカが創り出す差異と多様性』

一般的に人種とエスニシティの違いは、人種は肌の色という身体的特徴の違いに基づく概念、エスニシティは文化的差異に基づく分類だといわれる。しかし、この二つの語は交換可能なものとして使われることも多く、その境界は曖昧である。例えば、二〇二〇年のアメリカ国勢調査票では、「白人」「黒人」などは人種（race）とされている（表2を参照）が、イギリス（イングランド）ではエスニックグループ（ethnic group）という扱いである（表3を参照）。イギリスの正式名称は「グレートブリテンおよび北アイルランド連合王国」というが、イングランド、スコットランド、ウェールズ、北アイルランドという四つのネイションが連合した国であり、統一した調査票が使われているわけではなく、各ネイションで質問項目なども異なる。しかしどのネイションでも人種に相当する質問項目にはすべてエスニックグループという語が使われている。

イングランドの二〇二一年の調査票（表3）とアメリカの二〇二〇年の調査票（表2）を比較してみよう。イングランドでは、エスニックグループは「白人」「ミックスあるいは複数のエスニックグループ」「アジア人あるいはアジア系イギリス人」「黒人、黒人系イギリス人、カリブ系あるいはアフリカ系」「その他」から選択するようになっている。[1] アメリカでは「白人」カテゴリーの記入例に「レバノン系」「エジプト系」が含まれており、中東の人々は「白人」に分類されるが、イングランドでは「アラブ系」という選択肢が「その他」に含まれることから、「白人」には含まれない。そして、〇一年の国勢調査では、「アジア人あるいはアジア系イギリス人」のなかに中国系は含まれておらず、別のカテゴリーになっていた（表4を参照）。

これらの例からわかることは、国によって何が人種とされるのかは異なり、そのカテゴリーは各

表2　アメリカ2020年国勢調査

問9　あなたの人種は何ですか（What is Person 1's race?）
1つまたはそれ以上の項目にチェックをつけ、出自（origins）を具体的に記入してください

□	白人（例えば、ドイツ系、アイリッシュ系、イングランド系、イタリア系、レバノン系、エジプト系などと具体的に記入）
□	黒人あるいはアフリカ系アメリカ人（例えば、アフリカ系アメリカ人、ジャマイカ系、ハイチ系、ナイジェリア系、エチオピア系、ソマリア系などと具体的に記入）
□	アメリカンインディアンあるいはアラスカ先住民（登録している、あるいは主要な部族を具体的に記入。例えば、ナバホネイション、ブラックフィート部族、マヤ、アステカ、バロー先住民村のイヌピアット族政府、ノームエスキモー共同体など）
□	中国系　□ ベトナム系　□ ハワイ先住民 □ フィリピン系　□ コリアン系　□ サモア □ インド系　□ 日系　□ チャモロ □ その他アジア系（例えば、パキスタン系、カンボジア系、モン系などと具体的に記入） □ その他太平洋諸島系（例えば、トンガ系、フィジー系、マーシャル系などと具体的に記入）
□	その他の人種（具体的に人種あるいは出自を記入）

（出典：United States Census Bureau, op. cit. をもとに筆者作成）

国の状況や時代背景によって変化するということである。国勢調査は、古くはローマ帝国の時代から戸口調査や人口調査としておこなわれ、為政者が課税や徴兵のために、自らが支配する地域の人々の人数、性別、年齢、職業、資産などを調査した[2]。現代でも、税金を集め、それを使って道路や上下水道などの公共的なインフラ、教育、雇用、社会福祉など生活に関わるさまざまな行政サービスを提供していくために、国内にどのような人々がどれくらいいるのかを把握する国勢調査は必要不可欠である。しかし、国によって調査対象の人々をどのように分け、どのような名称をつけるのかは異なり、そこにはそれぞれの国の歴史的な背景と

表3　イングランド2021年国勢調査

問15 あなたのエスニックグループは何ですか（What is your ethnic group?）
A～Eのなかから1つ選び、そのなかであなたのエスニック・グループや背景を最も適切に表す項目を1つチェックしてください

A	白人
□	イングランド系、ウェールズ系、スコットランド系、北アイルランド系またはイギリス人（British）
□	アイルランド系
□	ジプシーまたはアイリッシュトラベラー
□	ロマ
□	その他（具体的に記入）
B	ミックスあるいは複数のエスニックグループ
□	白人とカリブ系黒人
□	白人とアフリカ系黒人
□	白人とアジア人
□	その他（具体的に記入）
C	アジア人あるいはアジア系イギリス人
□	インド系
□	パキスタン系
□	バングラディシュ系
□	中国系
□	その他（具体的に記入）
D	黒人、黒人系イギリス人、カリブ系あるいはアフリカ系
□	カリブ系
□	アフリカ系（具体的に記入）
□	その他（具体的に記入）
E	その他のエスニックグループ
□	アラブ系
□	その他（具体的に記入）

（出典：UK Data Service, “Census forms,” UK Data Service.〔https://ukdataservice.ac.uk/learning-hub/census/about-uk-censuses/census-forms/〕［2022年9月1日アクセス］をもとに筆者作成）

表4　イングランド2001年国勢調査

問8　あなたのエスニックグループは何ですか（What is your ethnic group?）
A ～ E のなかから1つ選び、そのなかであなたの文化的背景を適切に表す項目を1つチェックしてください

A	白人
□	イギリス人（British）
□	アイルランド系
□	その他（具体的に記入）
B	ミックス
□	白人とカリブ系黒人
□	白人とアフリカ系黒人
□	白人とアジア人
□	その他（具体的に記入）
C	アジア人あるいはアジア系イギリス人
□	インド系
□	パキスタン系
□	バングラディシュ系
□	その他（具体的に記入）
D	黒人あるいは黒人系イギリス人
□	カリブ系
□	アフリカ系
□	その他（具体的に記入）
E	中国系またはその他のエスニックグループ
□	中国系
□	その他（具体的に記入）

（出典：UK Data Service, "Census forms," UK Data Service.〔https://ukdataservice.ac.uk/learning-hub/census/about-uk-censuses/census-forms/〕［2022年9月1日 アクセス］をもとに筆者作成）

人々の意識などが関わっている。

例えば、表1をみていくと、アメリカの国勢調査の人種カテゴリーに、一八七〇年に「中国系」、一八九〇年に「日系」というカテゴリーが初めて登場するが、このころにまとまった数の人々が中国そして日本からアメリカにやってきたことがわかる。[3] 中国系移民は、十九世紀前半に奴隷貿易、そして後半に奴隷制が廃止されたことに伴う代替労働力だった。一般的に「クーリー（苦力）」と呼ばれた中国人労働者は、渡航費を前借りするかわりに一定期間の労働の義務を負う契約労働者であり、形式的には奴隷ではなかったが、中国からの送り出し方法や労働現場での扱い方で奴隷と大差はなかったといわれる。中国系移民の増加の背景には、中国とイギリスのアヘン戦争（一八四〇―四二年）による政治的混乱や経済的困窮、アメリカの金採掘ブーム、大陸横断鉄道建設による労働需要の高まりなどがあった。

日本からの本格的な移民は、日本政府とハワイ王国が一八八五年に結んだ移民事業に始まる。六六年、鎖国で禁じられていた一般の人々の海外渡航が可能になり、六八年には百五十人ほどがサトウキビプランテーション労働者としてハワイに渡った。しかし、日本人労働者が奴隷のように過酷な労働に従事させられていることが日本に伝わると、日本政府は国家の威信に関わる問題としてそれ以降は労働者の海外移民を禁止した。しかし国内経済の悪化、ハワイ国王からの移民再開の要請を背景に、八五年に移民が再開されることになる。その後、九八年にハワイがアメリカに併合されるとハワイからアメリカ本土に移動する人、日本から直接アメリカに移民する人々が増加する。

さらに、アメリカやイギリスの例は国勢調査の人種カテゴリーだが、これが日常のレベルで使われるカテゴリーと重なる場合もあれば、そうでない場合もある。例えば、ブラジルの国勢調査では、「白人（ブランコ）」「混血人（パルド）」「黒人（ブレット）」「アジア人（アマレロ）」「先住民（インディジェナ）」という分類[4]が使われているが、日常会話ではパルドではなくモレーノという語の使用頻度が高い。[5]モレーノは黒髪の白人から、黒髪の混血人、黒人までを含む非常に曖昧な語である。[6]

本章では、欧米で人種という概念が学術的にどのように議論されてきたのかについてみていく。欧米の人種概念に注目する理由は、この概念とそれに基づく人種理論が学問的な「知」として世界的に広がり、日本の人種概念にも強い影響力を及ぼしてきたからである。人種という語が英語(race)、スペイン語(raza)、フランス語(race)など西欧諸語で一般的に使われるようになるのは十六世紀のなかごろになってからだが、現在のような意味で人種が使われ始めるのは十七世紀後半以降である。[7]そして人種の概念化が始まるのは十八世紀であり、欧米の近代と密接に結び付いている。[8]十九世紀に人種に関する学術的議論が最盛期を迎え、人種概念が確立していくが、それはアメリカの一八五〇年国勢調査の人種カテゴリーが、「自由白人」「自由有色人」から「白人」「黒人」へと変化していることからもみてとれる（表1を参照）。そして、二十世紀前半にはエスニシティという概念が登場し、第二次世界大戦後にそれまでの人種理論が否定されていく。本章ではこのような経過をたどることで、欧米の学者たちが人種をどのように概念化し、人間をまなざしてきたのかを振り返るとともに、類似概念であるエスニシティとの関係を考えていく。[9]

1　人種の概念化

人種の概念化の背景には、西洋の近代化と不可分である啓蒙主義思想の広まりがある。啓蒙主義では、人間は理性的な存在であり、キリスト教的な世界観にかわって科学的に世界を理解することが重要になり、人間の目で客観的に捉えることができるものを重視するという実証主義が重んじられた。啓蒙主義の影響で、学者たちは混沌とした世界のあらゆるものを観察して分類することを試み、人間についても肌の色や見た目という身体的な特徴だけではなく、文化的な特徴に基づいて客観的に個々の集団に分類できると信じていた。(10)

では、分類とはどのような行為なのだろうか。フランスの哲学者エティエンヌ・バリバールは人間の分類について、以下の二点を主張している。(11)まず、分類に不可欠な差異についてである。分類は特定の差異を基準とするが、何が差異とされるか、どの差異が基準として選ばれるのかは、分類をする人が置かれた歴史的・社会的状況が影響を与える。つまり、分類は恣意的であり客観的もしくは中立的なものではない。例えば、人間の身体的な差異といっても多様なものがあり、髪の色で分類すれば、アフリカ、アジア、中東の人々は同じグループになるし、身長で分類すればまた別の分類が可能である。

次に、分類には階層化と自然化が関わる。人間を分類することは単に異なるグループに分けるというだけにとどまらず、グループ間の階層化、どのグループが上で下なのかという序列関係を伴う。分類され階層化されたグループは、恣意的に作られたものであるにもかかわらず、以前からずっと存在していたものと人々に認識される、つまり自然化されていくのである。

この二点に加え、分類では特殊化と一般化が同時におこなわれることも指摘しておきたい。ある差異を基準として、人間を黒人と白人というように分類することは、黒人と白人を異なるものとして特殊化するだけではない。同時に、例えば、黒人と分類された人々の間の多様性を無視し、黒人という均質的な存在と見なして一般化するのである。

十九世紀なかごろまで人種理論の主流を占めていたのは分類であり、五分類、四分類、三分類など多様な人間の分類が提唱された。分類の基準とされた差異には身体的特徴だけではなく文化的特徴も含まれていた。最も初期の分類はフランスの外科医で旅行家だったベルニエによるものである。ベルニエは「ヨーロッパ人」「アフリカ人」「アジア人」「ラップ人」の四分類を提唱したが、ヨーロッパ人には現在のヨーロッパ大陸、北アフリカ、中東、インド、アメリカ大陸（アメリカン・インディアン）の人々が含まれていた。[12] 外科医としてエジプトやインドに滞在した経験をもつベルニエは、人間の分類に最も基本的な基準は外見の差異によるものであるとした。[13] 北極圏近くに住むイヌイットの人々を指すラップ人は「醜い」、アジア人は「平たい顔」、アフリカ人は「平たい鼻」などと形容していて、外見の差異はヨーロッパ人を基準とし、それに基づいた美の価値観が表れていることがみてとれる。[14]

博物学者として知られるスウェーデンのカール・リンネも四分類を提唱したが、ベルニエの分け方とは異なる。リンネは人間を「アメリカ人」「アジア人」「アフリカ人」「ヨーロッパ人」の四つに分け、アメリカ人は赤い肌、黒髪、頑固、陽気、慣習に支配される、アジア人は黄色い肌、黒い目、厳格で貪欲、裏づけがない意見に支配される、アフリカ人は黒い肌、縮れ毛、怠惰、気まぐれに支配される、ヨーロッパ人は白い肌、青い目、穏やかで創造性に富む、法の支配に従う、などと記述していた。[15] ここでも各人種の特徴は、単に外見だけではなく、気質や行動様式など文化的な側面も含めて描かれるとともに、文化的特徴ではヨーロッパ人がほかの人種よりも肯定的に表現されている。

十八世紀の分類で最も影響力が強かったとされるのが、ドイツの医学者ヨハン・ブルーメンバッハの五分類である。ブルーメンバッハは最初、リンネの四分類を採用していたが、のちに東南アジアと南太平洋の人々を指す人種として「マレー人」を加え、「コーカサス人」「モンゴル人」「エチオピア人」「アメリカ人」の五分類とした。[16] コーカサス人（英語ではコケージャン〔Caucasian〕）という名称は、ブルーメンバッハが欧州の人々につけた名称として知られているが、その理由はロシア連邦とトルコに挟まれたコーカサス地方の女性そして頭蓋骨の形態が最も美しいと考えたからだった。[17]『聖書』の「創世記」を信じていたブルーメンバッハにとって、コーカサス人は神が創造した人類の「理想像」、つまり人種の頂点かつ基準になる集団であり、この「神の理想像」から最も退化し逸脱したのがモンゴル人とエチオピア人、コーカサス人とモンゴル人の間にアメリカ人、コーカサス人とエチオピア人の間の中間人種としてマレー人を置いた。[18]

ベルニエ、リンネ、ブルーメンバッハの人種分類では具体的な地理上の名称が使われていたが、それが十九世紀に入ると色の名称が使われるようになり、人種概念は抽象度を高めていく。フランスの博物学者ジョルジュ・キュヴィエは「白人＝コーカサス人」「黒人＝エチオピア人」「黄人＝モンゴル人」という三分類を提唱し、地理上の名称と色の名称を併記した。[19]

ナチスの人種主義に影響を与えたとして有名なフランスの人類学者ジョゼフ・アルチュール・ド・ゴビノーは、この三分類を採用するが、地理や歴史に基づいた名称は混乱を招くとして、「白人」「黒人」「黄人」と色の名称だけを使うことを主張した。[20]ゴビノーは、白人は知的そして体力的に優れ、自制力があり、自由と名誉を尊重する人々であり、黒人は「動物的」だとし、その対極に、黄人は「すべてにおいて凡庸」だとして白人と黒人の中間に位置づけた。[21]優れた人種は優れた文化を創造し、人種が混じり合うことは優れた人種を退化させるというゴビノーの主張は、人種主義の純粋性の強調、そして異なる人種が混じり合うこと（人種混淆）の否定につながり、人種主義に多大な影響を与えた。[22]

十九世紀後半にヨーロッパで国家間の資本主義的競争、ナショナリズムそして帝国主義が激化するなか、言語などの文化的差異を人種的差異と重ね合わせ、人種概念はヨーロッパ内の人々の分類にも応用されていく。異なる人種はヨーロッパの外部だけでなく内部にも発見されたのである。この時期には、「ドイツ人種」「フランス人種」というように、ネイションが人種として語られるという「ナショナリズムの人種主義化[23]」が起こり、白人と分類されていたユダヤ人も文化的に異なるだけでなく、生物的にも異なる一つの人種であるとする見方が強まる。[24]学者や知識人らはセム諸語とインド・ヨーロッパ諸語という言語学上の分類を利用して、ヘブライ語がセム諸語に分類されるためユダヤ人は「セム人」であり、インド・ヨーロッパ諸語を話す「アーリア人」とは異なる人種だとし、さらにキリスト教を創始して近代文明を発展させたアーリア人はセム人よりも優れていると主張した。(25)そして人種概念が科学理論を援用してその科学性を強めていくと(次節を参照)、ユダヤ人の体内には汚染された病的な血液が流れ、恐ろしい病原菌をもっていて、それによってヨーロッパ社会を感染させて弱体化させるなどと、生物学的な言葉を使って否定的に語られるようになるのである。(26)

アーリア人も細分化され、アメリカの経済学者で人類学者のウィリアム・リプリーが『ヨーロッパの人種』(一八九九年)で主張した、「チュートン人(主に北西ヨーロッパ)」「地中海人(南ヨーロッパ)」「アルペン人(中央ヨーロッパ)」というヨーロッパの人種の三分類は、欧米で広く受け入れられていたという。(27)アーリア人は最も優れているとされたチュートン人と同義語として使われるようになり、二十世紀に入ると「ノルディック人(北方人種)」とも呼ばれ、(28)ナチスの人種主義を支える概念になっていく。

例えば、アメリカの弁護士・優生学者のマディソン・グラントは、アドルフ・ヒトラーやアメリカの人種主義者に影響を与えたといわれる『偉大な人種の消滅』(一九一六年)でリプリーの三分類を使うが、チュートン人を「ノルディック人」と呼び、以下のように特徴づけて三分類を序列化した。(29)ノルディック人は長身でブロンドの髪、青い目、長頭をもち、上流階級や支配層、プロテスタントに多いと記述された。地中海人は長頭だが髪や肌が褐色であり、知的にはアルペン人よりも優れているが体力は劣っていて、古代ギリシャ・ローマ文明の発展には関わっているが、それ以降の文明にはあまり貢献していないとした。そして、アルペン人は同じく髪や肌が褐色であり、短頭で背が低くがっちりした体格の人々で、権力に従順で、農民そしてカトリックが多いとされた。真のノルディック人（またはアーリア人）とは、「「上流」階級あるいはブルジョア階級に属している男性の西洋人」を前提とし、「有色人、プロレタリア、女性との対比で定義されるもの[30]」だったといわれるように、人種、ネイション、階級、ジェンダーが複雑に絡み合っていたのである。

2　人種と科学

十九世紀後半になると、人種理論は外的・内的特徴による分類にとどまらず、科学的な装いを強めていく。

人種理論の科学性を強化したのは、一つめに、人間の体を測定しそのデータを集めて分析する人体測定学である。これは、欧州での国民国家体制の確立と帝国主義政策による植民地拡大を背景に盛んになった学問分野である。徴兵制実施のための自国民に対する身体検査、そして植民地の人々に対する調査を目的として、身長、頭蓋容量（脳の大きさ）、顔の面角（横から見た顎の突出程度）、頭長幅指数（頭の幅と長さの比率）などを測定したデータが集められた。[31]そして、白人の頭蓋容量はほかの人種よりも大きいから優れている、黒人の顔の面角はオラウータンに近いから劣っているなどとして人種理論に利用されていった。

二つめは、イギリスの自然科学者チャールズ・ダーウィンの進化論とイギリスの哲学者ハーバード・スペンサーらの社会進化論である。ダーウィン以前の人種理論では、キリスト教的世界観が色濃く残っていて、神の創造物である人間の異なる人種は、同じ種から分かれたのか（「単一起源説」）、それとも最初から別の種なのか（「多起源説」）は重要なテーマだった。しかし進化論の登場によって、このようなキリスト教的な世界観にとらわれることなく、人種間の差異化と序列化が可能になったのである。[32]つまり、白人と黒人を別の種としなくても、進化論や社会進化論を使って二つの人種間の差異と優劣を論じることができるようになった。

進化論と社会進化論の「進化」の意味は異なる。ダーウィンが進化論で主張した自然選択説（自然淘汰説）の進化とは、生物は常に変異していて、生存と繁殖に有利な性質の変異は子孫に遺伝されて残るが、不利な性質をもった個体は淘汰されるというものである。一方、スペンサーにとって進化とは、単純なものが分化して複雑で秩序だった組織（例えば社会）を形成することであり、その過程で生存競争が起こるが、「適者」が増えて「不適者」が滅びていくことは、組織のためにはいいことだとし、それを「適者生存」という言葉で表現した。[33]社会進化論者はこの「適者生存」という考え方に基づき、白人、富裕層、男性などの「適者」と有色人種、貧困層、女性などの「不適者」の間の格差や優劣を正当化し、「不適者」救済のための経済的・社会的介入に反対した。[34]社会進化論は第一次世界大戦前まで大流行したが、[35]その背景には資本主義経済の拡大とアフリカ分割に象徴される欧州の帝国主義政策の激化によって、弱肉強食の競争社会という世界観が広く受け入れられたことがある。

三つめは優生学である。優生学は一八八〇年代、イギリスの科学者でダーウィンのいとこにあたるフランシス・ゴルトンによって命名された。社会進化論が「不適者」を保護するために国家による介入に反対したのに対し、優生学は逆に「適者」保護のため国家が積極的に介入することをよしとする。この主張を支えるのが退化と遺伝という概念である。ゴルトンら優生学者は、進化論の自然選択説は人間社会には当てはまらないとして逆選択説を唱え、人間の文明は医学や公衆衛生、社会福祉などを発展させ、さらに戦争では兵士になる健康状態がいい「適者」が数多く死んでいくとして、「不適者」が淘汰されることなく増加して退化すると主張した。[36]そして、人種集団の身体的特徴だけでなく、知的そして精神的な資質も遺伝すると見なし、国家が「適者」つまり「優れた」人種を増やし（積極的優生）、「不適者」つまり「劣った」人種を減らす（消極的優生）政策を導入して、自然選択に任せず人為的選択をするべきだとした。

加えて、優生学には生殖が関わるため、ジェンダーやセクシュアリティとも強い結び付きがある。「適者」を増やすためには、健康で「男らしい」男性と「女らしい」女性が築く上・中流階級家庭が基盤になるとして、特定の階級、ジェンダー規範、[37]異性愛、それらに基づく家族像が強調された。特に、知的障碍があったり、貧困であったり、教育程度が低い女性たちは、彼女らの産む子どもが問題視され、退化の脅威を最も象徴する存在と見なされて、収容施設に隔離されたり不妊手術の対象にされたりする確率も高かった。[38]

優生政策を実施した国家として、まず頭に浮かぶのがナチスドイツだろう。しかし、消極的優生政策の一つである断種法、つまり不妊手術で子どもをつくらせないようにする法律が、二十世紀初頭にはアメリカ、そしてその後、福祉国家として知られる北欧諸国でも導入されていたように、優生学的な考え方はドイツだけではなく欧米の幅広い地域で受け入れられていた。

アメリカでは消極的優生政策として、断種、移民の制限、婚姻の制限の三つが実施された[39]。二十世紀に入ると世界ではじめて犯罪者や精神障碍者などを対象とした断種法を制定し、不妊手術を強制する州が続出した[40]。断種の主な対象とされた人々は貧しく、そして黒人であることが多かったという[41]。一九二四年の移民法は、日系移民を含めたアジアからの移民を全面的(植民地支配下のフィリピンを除く)に制限したことで知られるが、「劣った」人種の流入を防ぐことで、アングロサクソン(ノルディック人に含まれる)によって代表されるアメリカという国の退化を防ぐという消極的優生政策の影響がある[42]。婚姻の制限については、十七世紀末、バージニア州で白人と有色人種の間の異人種間結婚禁止法が導入されたのを皮切りに多くの州ですでに導入されていた。

ナチスは一九三三年に断種法を導入するにあたり、カリフォルニア州での断種実績を参考にしたという[43]。カリフォルニア州では〇九年に断種法が制定され、精神病患者や性病患者、性犯罪者などを対象に不妊手術がおこなわれたが、それは三六年までのアメリカでの累計断種件数(約一万五千件)の約半数を占めるほどだった[44]。ただし、ドイツでは三三年に断種法を制定したあと、放射線や女性器への化学薬品注入などでのより安価で効果的な断種方法を開発するための医学実験による強制断種も含めて、五十万人以上のドイツ国民(ユダヤ系を含む)に対して断種がおこなわれ、その規模は桁違いに大きかった[45]。

また、スウェーデンやデンマークなど北欧諸国では、一九二〇年代に社会民主党が次々と政権を獲得して福祉国家の枠組みが整えられるなかで断種法が導入され、障碍者、犯罪者、アルコール依存症患者などが対象になった。福祉国家政策と優生政策は対立するかようにみえるが、北欧で優生政策が実施された背景にあったのは、社会福祉を充実させるためにも、社会福祉に頼る必要がある人を減らすための優生政策が必要という論理だった。(46)

断種は「劣った」人々に子どもを産ませないという消極的優生政策の代表的な方法だが、ナチスドイツはそれを抹殺までエスカレートさせた。ナチスによる大量殺害ではユダヤ人に対するホロコーストが有名だが、一九三九年にヒトラーが「安楽死計画」に関する文書を出し、ガス室で大量殺害を最初におこなったのは精神病院であり、それによって少なくとも約二十七万人以上の障碍者が殺害された。(47) ただし、最初にガス室で殺害されたのはユダヤ人の精神病患者だったことは、(48) この残虐な政策での人種と障碍の交差（第5章を参照）を象徴的に示している。そして、「劣った」人種とされた約六百万人のユダヤ人のほか、ロマ、ロシア、ポーランドの人々、それに加えて同性愛者や共産主義者なども、ガスによる大量殺害や強制労働などの対象になった。

障碍者、同性愛者、共産主義者には当然ドイツ人も含まれるため、ユダヤ人やロマに対する大量殺害とは別のものと思う人もいるかもしれない。しかし、前半のケースでは「優れた」人種（ドイツ人）のなかの「劣った」人々を排除することで「優れた」人種の退化を防ぎ、後半のケースでは「劣った」人種（ユダヤ人など）を排除するという意味では、ドイツ人と非ドイツ人に対する殺害は、一つのコインの表と裏のような関係だった。

3　人種からエスニシティへ

このように人種という概念は、進化論や優生学に依拠しながら自然科学的な側面を強めていったが、二十世紀に入ると、人間の差異は生物的側面を中心に説明する人種概念ではなく、文化的側面から説明するエスニシティという概念を使って説明すべきという主張が出てくるようになる。(49)

英語のエスニックという語は、十五世紀ごろには外国人、異教徒という意味で使われていたが、(50)十八世紀後半には古語になってあまり使われなくなった。(51)しかし、一九三〇年代にナチスの人種主義に結び付けられて人種が否定的な意味をもつようになると、人種にかわって人間を分類する概念として復活する。(52)三五年には、イギリスの生物学者ジュリアン・ハクスリーと人類学者アルフレッド・ハドンが共著『我々、ヨーロッパ人』(53)で人種にかえてエスニックグループという語を使うべきだと主張する。ハクスリーとハドンは、人種は生物学上の分類とする立場から、ナチスが「ノルディック主義」（もしくはアーリア主義）によって、ヨーロッパ人（白人）を異なる人種に細分化してノルディック人を頂点として序列化し、ユダヤ人を一つの人種としていることに対し、それを生物学的に証明するのは困難であるとして反対したのであり、人間を白人、黒人、アジア人などに分類することを否定したわけではなかった。(54)つまり、彼らの主な関心はヨーロッパ内の人種主義だったのである。

第二次世界大戦後、ユネスコ（国際連合教育科学文化機関）が一九五〇年代から六〇年代にかけて人種に関する四つの報告書を出し、異なる人種グループ間に知力と能力上の優劣はないとして戦前の人種理論を否定する。[55]そして、エスニシティが社会科学の鍵概念の一つになっていくのは六〇年代以降である。アジア・アフリカの植民地の独立、欧米での反植民地主義、アメリカの公民権運動などの反人種主義の動きが高まる六〇年代までは、エスニシティは人種と交換可能な語として使われていた。[56]

人種は異なる人種グループ間の序列や不平等などの否定的で政治的な意味を含む概念として受け止められるが、エスニシティは平等主義的で政治的に中立的な概念であると肯定的に捉えられることが多い。[57]しかし、エスニシティは本当に平等主義的で中立的な概念か、というとそうでもない。日本語でもエスニックフードというと、フランス料理やイタリア料理ではなく、アジアやアフリカなどの非西洋諸国の料理を指すことが多い。ここには、西洋料理を世界に数多く存在する料理のなかの一つではなく、「特別の存在」とする見方が影響しているのではないだろうか。英語圏でも通常、エスニックグループとされるのはマジョリティではなくマイノリティである。[58]加えて、エスニシティという語がアメリカで使用されはじめたとき、エスニックグループと呼ばれたのは、ワスプ（WASP：White Anglo-Saxon Protestant）と呼ばれたアングロサクソン系でプロテスタントの白人、つまりノルディック人以外の、例えば、ユダヤ人、イタリア人、アイルランド人などだったという。[59]ここから、エスニックという言葉は、西洋、マジョリティ、ワスプという「中心」の人々ではなく、周縁化された人々や文化に対して使われる傾向があることがみてとれる。

それにもかかわらず、人種に比べてエスニシティが肯定的もしくは中立的な概念と見なされる理由として、一つめに、エスニシティの中心にある概念は文化であり、一般的に文化は政治とはあまり関係がないものと見なされていることがある。[60]

二つめに、人種グループは身体的・生物的な違いという、自発性が関与しえない基準に基づき、特に有色人種に分類される人々にとっては、外部からの強制力を伴って形成されるのに対し、文化を軸とするエスニックグループは、集団への自発的な帰属意識が関わるものとされるからである。[61]

三つめに、エスニシティがネイションと密接な関係にあることである。例えば、イギリスのスコットランドやウェールズがネイションと呼ばれるように、国家をもつ、または国家はもたないが自治の度合いが高い、もしくは自治への意志が強いエスニックグループがネイションと呼ばれる。つまり、ネイションは国家的機能を備えたエスニックグループであるといえる。そして、エスニシティもネイションも文化が非常に重要な役割を果たす。ネイションはベネディクト・アンダーソンが「想像の共同体」と表現したように、見知らぬ人々が一つの共同体のメンバーとしての帰属意識をもつことで作られる。[62] アンダーソンは、ネイションを作るために、新聞や書籍などの印刷メディア、その大量生産・消費を可能にする資本主義経済の発達、標準化された国家語（いわゆる「国語」）、そしてそれを教える公教育が必要だと主張した。簡単にいえば、「想像の共同体」に不可欠なのが文化ということである。文化を創造し共有していくことで、顔見知りでない人々が一つの共同体のメンバーとしての意識をもつようになるという意味で、ネイションはもともとあったものではなく「想像された」ものなのである。

4 人種、エスニシティ、ネイション

エスニシティと人種はネイションで重なり合う。一つの国家内には複数の文化集団（エスニックグループ）が必ず存在する。しかし、一つのネイションが一つの国家をもつ国民国家（ネイション・ステート〔nation state〕）の枠組みを前提とする国際社会で、近代国家は政治的・文化的な均質性にこだわり、複数のグループをまとめてネイションを作ろうとしてきた。[63] 国家（ステート）＝ネイション＝エスニシティ、のようにこの三つを一致させ、そのような国家に所属する人々、つまり国民を創造しようとしてきた。このような国民をバリバールは「虚構のエスニシティ（fictive ethnicity）」と呼び、その創造には言語と人種という二つの主要な要素があるとした。[64] つまり、国家＝ネイション＝エスニシティ＝人種ということである。

言語はネイションの現在性と開放性、そして人種はその歴史性と閉鎖性を支える。言語は日常的にそれを使い、音として聴くことができ、文字として見ることができるという点で非常に身近で、それが存在することを「いま・ここ」で実感できるものである。しかし、「虚構のエスニシティ」、つまり国民の創造には、言語だけでは不十分である。なぜなら、言語は誰でも習得が可能なものであり、「すべての人を「同化し」、しかも何人も拘束しない」[65] からである。

それを補うのが人種である。バリバールは、人種という概念の中心には「諸個人の血統は世代か

ら世代に生物的にして精神的な実体を伝え、それを通じて諸個人を「親族関係」とよばれる時間的共同体のなかに挿入するという観念[66]」があると述べている。つまり、あるグループの人々を、身体的そして文化的な特徴が歴史的に代々受け継がれ、互いに「血」がつながった一大家族のように見なすのである。人種概念を使うことで、国民は言語だけではなく、「血」がつながった集団となり、誰もがその構成員になれるわけではなくなる。言語と人種という「虚構のエスニシティ」の二つの要素は、ある範囲の人々には構成員になる可能性（言語）を示して同化を迫り、同時にその範囲外の人々はその可能性を拒否して排除する（人種）ものとして機能するのである。

ただし、国家＝ネイション＝エスニシティ＝人種とすることを試みても、それらを完全に一致させることは不可能である。したがって、一つの国家内に複数の人種・エスニックグループが存在することになるが、ある特定のグループとその文化がネイションを代表していることが多い。例えば、アメリカには多数の人種・エスニックグループが存在するが、実質的には欧州の多様な地域からの移民を一つにまとめたヨーロッパ系アメリカ人（白人）とその文化（西洋文明、キリスト教など）がアメリカを代表していることは否定できない。そして、アフリカ系やアジア系などの非ヨーロッパ系アメリカ人は、アメリカ社会では歴史的にそして現在でもマイノリティとして周縁化されている。

反人種主義のためには、人種とエスニシティを二種類の人種概念として、つまり別々の概念ではなくつながりがあるものと捉える必要がある。エスニシティは人種にかわる概念として登場してきたが、人種をエスニシティという言葉に置き換えることで、人間の差異を純粋で不変なもの、つまり人間の差異は本質的なもの、と捉える人種概念の中心にある考え方が消えてしまったわけではない。バリバールが「文化も自然として機能し得る」[67]と主張するように、ある文化はその文化グループのメンバーとして生まれることで獲得するというように捉えると、文化はあたかも生物的特徴のように生得的なものになる。しかし、人種ではなくエスニシティという語を使うことで、人種の否定的なニュアンスがみえにくくなってしまう。「「エスニシティ」は生物的な要素を取り除いたあとの「人種」である」[68]といってしまうのは少し乱暴かもしれないが、同時にこの二つの概念をまったく異なるものと見なすことは、学術的に問題であるだけではなく[69]、人種主義の解決方法を探るためにも問題がある。なぜなら、人種主義は白人による有色人種への差別、というように人種グループが関わる問題になって、エスニックグループ間の問題がそこからこぼれ落ちてしまうからである。

本章では、欧米の人種とエスニシティという概念の歴史的変遷をたどってきた。次章では、十九世紀の半ば以降、欧米の人種概念の影響を受けながら、日本の人種概念がどのように作られて変遷してきたのかについてみていく。

注

(1) イングランドとウェールズのエスニシティのカテゴリーは同じだが、スコットランドと北アイルランドのカテゴリーは異なる。

(2) 青柳まちこ『国勢調査から考える人種・民族・国籍——オバマはなぜ「黒人」大統領と呼ばれるのか』明石書店、二〇一〇年、二四—三〇ページ

（3）貴堂嘉之『移民国家アメリカの歴史』（岩波新書）、岩波書店、二〇一八年。アメリカの中国系移民は第二章、日系移民は第四章を参照。
（4）エドワード・E・テルズ『ブラジルの人種的不平等——多人種国家における偏見と差別の構造』伊藤秋仁／富野幹雄訳（世界人権問題叢書）、明石書店、二〇一一年、一三四ページ
（5）同書一三六ページ
（6）同書一三六—一三七ページ
（7）Hannaford, Ivan, *Race: The History of an Idea in the West*, Johns Hopkins University Press, 1995, pp. 4-6.
（8）*Ibid.*, p. 6, Rattansi, Ali, *Racism: A Very Short Introduction*, Oxford University Press, 2007, p. 23.
（9）欧米の人種概念についての議論は、平野千果子『人種主義の歴史』（〔岩波新書〕、岩波書店、二〇二二年）に詳しい。
（10）Hannaford, *op. cit.*, pp. 187-233.
（11）エティエンヌ・バリバール「人種主義と国民主義」、エティエンヌ・バリバール／イマニュエル・ウォーラーステイン『人種・国民・階級——揺らぐアイデンティティ』所収、若森章孝／岡田光正／須田文明／奥西達也訳、大村書店、一九九七年、一〇〇—一〇一ページ
（12）Hannaford, *op. cit.*, p. 203.
（13）Jackson, John P. and Weidman, Nadie M. eds., *Race, Racism, and Science*, Rutgers University Press, 2006, p. 14.
（14）*Ibid.*, p. 14, Hannaford, *op. cit.*, p. 203.
（15）Jackson and Weidman eds., *op. cit.*, p. 16.

（16）Hannaford, *op. cit.*, p. 207.

（17）Jackson and Weidman eds., *op. cit.*, p. 20, Hannaford, *op. cit.*, p. 208.

（18）Ibid., p. 208.

（19）前掲、平野千果子『人種主義の歴史』八七―八八ページ、Cuvier, Georges and Edward Griffith trans and ed., *The Animal Kingdom Volume 1: The Class Mammalia 1,* Cambridge University Press, ［1817］2012, p. 97.

（20）Gobineau, Arthur de, *The Inequality of Human Races,* Howard Fertig, ［1853-55］1999, p. 146.

（21）*Ibid.*, pp. 205-207.

（22）Omi, Michael and Winant, Howard, *Racial Formation in the United States,* (3rd. ed), Routledge, 2014, p. 116.

（23）MacMaster, Neil, *Racism in Europe,* Palgrave, 2001, p. 6.

（24）*Ibid.*, p. 15.

（25）レオン・ポリアコフ『アーリア神話――ヨーロッパにおける人種主義と民主主義の源泉』アーリア主義研究会訳（叢書・ウニベルシタス）、法政大学出版局、一九八五年、第五章

（26）MacMaster, *op. cit.*, p. 92.

（27）Jackson and Weidman eds., *op. cit.*, p. 105.

（28）*Ibid.*, p. 105.

（29）グラントの著書は一九一六年の初版のあとで三つの改訂版が出されている。参照したのは四版改訂版である。Grant, Madison, *The Passing of the Great Race: The Racial Basis of European History,* (4th ed.), Charles Scribner's sons, 1924, Ch. 2 and 11.

（30）前掲『アーリア神話』三六三ページ

（31）米本昌平「イギリスからアメリカへ――優生学の起源」、米本昌平／松原洋子／橳島次郎／市野川容孝『優生学と人間社会――生命科学の世紀はどこへ向かうのか』（講談社現代新書）所収、講談社、二〇〇〇年、二一ページ

（32）中條献『歴史のなかの人種――アメリカが創り出す差異と多様性』北樹出版、二〇〇四年、六〇ページ

（33）Jackson and Weidman eds., *op. cit.*, pp. 77-78.

（34）Degler, Carl N., *In Search of Human Nature: The Decline and Revival of Darwinism in American Social Thought*, Oxford University Press, 1991, Hofstadter, Richard, *Social Darwinism in American Thought*, Beacon Press, [1944] 1992.

（35）前掲「イギリスからアメリカへ」一六ページ

（36）Galton, Francis, “Hereditary Genius,” in Joshi, Sunand T. ed., *Documents of American Prejudice*, Basic Books, [1869] 1999, pp. 157-67、鈴木善次『日本の優生学――その思想と運動の軌跡』（三共科学選書）、三共出版、一九八三年、四六―五〇ページ

（37）ジェンダー規範とは「女らしさ」「男らしさ」を定義するもので、女性として／男性としての行動や振る舞い、外見などがどうあるべきかについての社会的な考え方を指す。例えば、現在の日本では、「男らしさ」とは経済力があり、堂々としていて、背が高く、短髪であることなどとされ、このような特徴を備えた女性、備えない男性は、それぞれ「女らしくない」「男らしくない」と否定的な評価を受けたりする。

（38）Stern, Alexandra Minna, “Gender and Sexuality: A Global Tour and Compass,” in Alison Bashford and Philippa Levine eds., *The Oxford Handbook of the History of Eugenics*, Oxford University Press, 2010, p. 177.

（39）Jackson and Weidman eds., *op. cit.*, pp. 114-119.

（40）スティーブン・トロンブレイ『優生思想の歴史——生殖への権利』藤田真利子訳（明石ライブラリー）、明石書店、二〇〇〇年、一〇二―一一〇ページ

（41）Stepan, Nancy Leys, *The Hour of Eugenics: Race, Gender, and Nation in Latin America*, Cornell University Press, 1991, p. 31.

（42）Jackson and Weidman eds., *op. cit.*, pp. 115-117.

（43）前掲『優生思想の歴史』一七三―一七四ページ

（44）前掲「イギリスからアメリカへ」三五―三六ページ

（45）スザンヌ・E・エヴァンス『障害者の安楽死計画とホロコースト——ナチスの忘れ去られた犯罪』黒田学／清水貞夫監訳、クリエイツかもがわ、二〇一七年、七八ページ

（46）市野川容孝「ドイツ——優生学はナチズムか」、前掲『優生学と人間社会』所収、五一―一〇六ページ

（47）前掲『障害者の安楽死計画とホロコースト』四五ページ

（48）芝健介『ホロコースト——ナチスによるユダヤ人大量殺戮の全貌』（中公新書）、中央公論新社、二〇〇八年、七八ページ

（49）Jackson and Weidman eds., *op. cit.*, pp. 129-159, Malik, Kenan, *The Meaning of Race: Race, History, and Culture in Western Society*, New York University Press, 1996, pp. 149-177.

（50）Fenton, S., *Ethnicity*, Polity, 2010, p. 14.

(51) Sollors, Werner, "Ethnicity and Race," in David Theo Goldberg and John Solomos eds., *A Companion to Racial and Ethnic Studies*, Blackwell, 2002, p. 97.

(52) Ibid., pp. 97-98.

(53) Huxley, Julian S. and Haddon, Alfred Cort, *We Europeans: A Survey of 'Racial' Problems*, Penguin Books, [1935] 1939, p. 92. (https://archive.org/details/in.ernet.dli.2015.201846/page/n89/mode/2up) [二〇二〇年九月五日アクセス]

(54) Malik, *op. cit.*, pp. 125-126.

(55) Hiernaux, Jean and Banton, Michael, "Four Statements on the Race Question," UNESCO, 1969. (https://unesdoc.unesco.org/ark:/48223/pf0000122962.) [二〇二一年九月七日アクセス]

(56) 例えば、Guibernau, Montserrat and John Rex., "Introduction," in Montserrat Guibernau and John Rex eds., *The Ethnicity Reader: Nationalism, Multiculturalism and Migration*, (2nd ed.), Polity, 2010, p. 1, Jenkins, Richard, *Rethinking ethnicity*, (2nd ed), Sage, 2008, pp. 17-18.

(57) 例えば、Eriksen, Thomas Hyllard, *Ethnicity and Nationalism: Anthropological Perspectives*, (3rd ed.), Pluto Press, 2010, pp. 5-9, Jenkins, *op. cit.*, p. 22.

(58) Fenton, *op. cit.*, p. 14, p. 22, Guibernau and Rex, op. cit., pp. 3-4.

(59) Eriksen, *op. cit.*, p. 4.

(60) Jenkins, *op. cit.*, p. 14.

(61) Banton, Michael, *Racial and Ethnic Competition*, Cambridge University Press, 1983, p. 106.

(62) ベネディクト・アンダーソン『増補 想像の共同体――ナショナリズムの起源と流行』白石さや／白石隆訳（ネットワークの社会科学）、ＮＴＴ出版、一九九七年

（63）Parekh, Bhikhu, *Rethinking Multiculturalism: Cultural Diversity and Political Theory*, (2nd ed.), Palgrave Macmillan, 2006, p. 184.

（64）エティエンヌ・バリバール「国民形態――歴史とイデオロギー」、前掲『人種・国民・階級』所収、一七四ページ。日本語訳では「虚構的エスニシティ」となっている。

（65）同論文一七九ページ

（66）同論文一八一ページ

（67）エティエンヌ・バリバール「「新人種主義」は存在するか」、同書所収、三九ページ

（68）Chapman, Malcolm, "Social and Biological Aspects of Ethnicity," in Malcolm Chapman ed., *Social and Biological Aspects of Ethnicity*, Oxford University Press, 1993, p. 21.

（69）Sollors, op. cit., p. 102.

第2章　日本の人種概念

二〇一〇年代前半、在特会などが繰り広げていた在日コリアンなど朝鮮半島につながる人々をターゲットにした「ヘイトデモ」を、メディアが頻繁に報道していた時期があった。デモ参加者は「いい朝鮮人も悪い朝鮮人も殺せ」「朝鮮人をたたき出せ」などというプラカードを掲げたり叫んだりして、東京・新大久保、大阪・鶴橋、神奈川・川崎などコリアンタウンと呼ばれる場所や繁華街を練り歩いた(1)。このような行為に対して「ヘイトスピーチ」という語が一般的に使われるようになり、一六年に施行された「本邦外出身者に対する不当な差別的言動の解消に向けた取組の推進に関する法律」の通称も「ヘイトスピーチ解消法」となっている(2)。

なぜ人種差別や人種主義という語が使われずに、ヘイトスピーチという語が使われるようになったのだろうか。例えば、アメリカで白人団体が「いい黒人も悪い黒人も殺せ」と叫んでデモをおこなったとする。それを人種差別や人種主義と呼ぶことに異議を唱える人はいないだろう。しかし、「日本人」の団体が朝鮮半島につながる人々に対しておこなう似たような行為を人種差別や人種主義と呼ぶことに対して、どこか違和感をもつ人は多いのではないか。人種カテゴリーでいえば、朝鮮半島につながる人々も「日本人」も同じアジア人であり、アジア人の間の差別行為は人種に基づくものではないと思ってしまう。

朝鮮半島につながる人々は民族グループであるとし、在特会らの行為を民族差別と呼ぶこともできる。しかし、人種差別と人種主義はどちらも否定されて批判の対象になるが、民族差別は否定されても民族主義はそうではない。民族主義はナショナリズムと言い換えられることがあるが、アジア・アフリカの植民地独立運動で大きな役割を果たしたナショナリズムは肯定的に、そして国民国家を基本とする現在の国際社会のナショナリズムは正当性があるものとして受け止められることも多い。人種主義と民族主義のこのような違いには、人種と民族という概念の違いが関わっているのではないか。

欧米の人種概念とそれに基づく人種理論は十九世紀に学問的な「知」として日本に入ってきたが、それを翻訳する際に使われたのが人種である。[3] 民族はより新しい言葉で、十九世紀の終わりに登場して二十世紀の初めにかけて定着していった。[4] 人種という概念では、「日本人」もほかのアジア地域の人々と同じく黄色人種にまとめられ、白人の下に位置づけられてしまう。それに対抗する概念として登場したのが民族という概念である。しかし、アジア太平洋戦争敗戦前は、「日本民族」「大和民族」などと「日本人」に対しても使われていた民族という言葉は、戦後は主に国内外のマイノリティに使われ、「日本人」に対しては使われなくなる。

人種と民族は、近代日本の自己認識、および西洋とアジアという二つの重要な他者に対する認識、そしてそれに基づく政治的実践に使われた鍵概念だった。[5] 人種は文明、民族は文化という概念とともに使われ、人種は「アジアとしての共通の運命性とそれによる欧米との対抗という主張」、一方、民族は「共通性のなかにある差異への注目を通して、そこに序列化を設定し、日本の優位性・主導性の主張」で使われることが多かったという。[6] つまり、人種という概念では、身体的・生物的特徴という変化させることが難しい要素に基づいて、「日本人」はほかのアジアの人々とともに黄色人種に分類される。したがって、白人を頂点とする人種ヒエラルキーの下位に置かれる者としての共通性、そして白人の西洋に対抗するためにアジア文明などアジア内部の共通性を強調することになる。しかし、文化を軸とする民族という概念を使うことで、この人種秩序から離れ、アジア内部の差異を強調し、「日本人」を頂点とする新たな秩序を作ることが可能になる。

第1章で、反人種主義のために人種とエスニシティの両方を人種概念として捉える必要性について論じたが、同様に人種と民族は日本の二つの人種概念と捉えることが重要である。しかし、それぞれの概念は異なる歴史的・社会的文脈で作られてきたものであり、欧米と日本の人種、エスニシティと民族は同じではない。歴史学者で思想史研究者の山室信一が、「人種という概念もアジアという地域概念と同じくヨーロッパがほかの非ヨーロッパ世界を対象として認識するための基軸として生み出したもの」[7] と述べるように、欧米の人種概念は欧米の自己および他者認識と結び付いている。その影響を受けながら構築された日本の人種概念は、日本の自己認識にとっての重要な他者である西洋とアジアに対する認識と不可分の関係にある。人種が主に西洋を重要な他者とする概念だとすれば、民族は西洋とアジアの両方を重要な他者とする概念である。本章では、欧米の人種概念を受容しながら、この二つの日本の人種概念がどのように作られ、それが西洋やアジアを重要な他者として、「日本人」の意味がどのように作られてきたのかを歴史的にたどっていく。

1　人種の登場

欧米の人種概念は十九世紀半ばまでにはすでに日本に入っていたが、それが一般的に知られるようになるのは明治維新以降である。[8] 人種という言葉が広く使われるようになるのに特に影響が大きかったとされるのが福沢諭吉であり、[9] 一八六九年に出版された小冊子『掌中万国一覧』（福澤蔵版）で、第1章で紹介したブルーメンバッハの五分類を、「白皙人種」「黄色人種」「赤色人種」「黒色人種」「茶色人種」として紹介している。この分類は、十九世紀後半から二十世紀前半（明治初期から昭和初期）までの尋常小学校と中等学校の教科書などでも繰り返し紹介されたという。[10]

例えば、白皙人種は「容貌骨格すべて美なり。その精心は聡明にして、文明の極度に達すべきの性あり。これを人種の最とす」、黄色人種は「鼻短く、眼細く、かつその外眥斜めに上がれり。その性情よく難苦に堪え、勉励事をなすといえども、その才力狭くして、事物の進歩ははなはだ遅し」、黒色人種は「鼻平たく、眼大にして突出し、その身体強壮にして活発に事をなすといえども、性質懶惰にして開花進歩の味を知らず」[11] と説明している。白皙人種は外見や骨格が美しく、優れた知性をもち、文明を最も発展させた人種の最上位に位置する。黄色人種は鼻が短く、目は細くて吊り上がっていて、我慢強く勤勉ではあるが知性は白人に及ばず、文明を発展させる速度は遅い。そして黒色人種は鼻が平たく、目が巨大で、身体的には頑強だが、怠惰であり文明を発展させることができない、ということである。

しかし、黄色人種とされる「日本人」が白色人種の下に位置づけられる人種概念は、次第に「日本人」の「劣位性」を修正したものに変化していく。(12) 一八九〇年代前後（明治二十年代）の学校教科書の人種に関する記述は、それ以前の欧米の人種概念に基づく白色人種対「有色人種」という序列関係が、文明開化の程度においては、黄色人種（日本と中国）は白色人種と同等とするものが目立つようになる。(13) そして、一九〇〇年代前後（明治三十年代）には、外見と言語など文化に加えて、風土や気候が人種の特徴として含められるとともに、「日本人種」の「優秀性」を、支配下に入れたアイヌ、琉球、台湾の人々との対比で捉えた記述が登場するようになる。(14) 一九〇〇年代前後は民族という概念が確立していった時代であり、人種概念と民族概念が重なりつつあったことがみてとれる。

現在、「日本人」を「日本人種」と呼ぶことはほとんどないが、一九〇〇年以降（明治後半）には、人種という言葉は黄色人種、白色人種とだけではなく、「日本人種」「大和人種」というようにも使われていた。(15) そして、この時期の教科書の人種の記述でもみられたように、欧米の人種概念に基づき、白色人種と黄色人種に分類される「日本人種」との序列関係が、「大和人種」とアイヌ、琉球、被差別部落（以下、部落と表記）の人々との関係に置き換えられていった。(16) 近世の身分制に関わるとされる部落の人々は、独自の言語や国などを有するアイヌや琉球の人々と比べると一つの人種として扱うことが難しいが、その起源を朝鮮人に求める朝鮮人起源説によって異人種とした。(17)「大和人種」の学者や知識人らは、皮膚の色、骨の形態、気質、発掘された土器などからこれらの人々を「未開」と結び付けて差異化するとともに序列化し、西洋の「知」を利用しながら、自らが分類する主体になっていったのである。(18)このように人種は、民族へとつながるものとしても使用されていた。

十九世紀半ば以降、欧米の人種概念の「科学性」を強めた社会進化論や優生学は、日本の人種概念にも影響を及ぼしていくが、これもやはり日本の文脈で修正されていくことになる。社会進化論や優生学の影響を受けた「日本人種」に関する議論は、高橋義雄の『日本人種改良論』（石川半次郎、一八八四年）や海野幸徳の『日本人種改造論』（冨山房、一九一〇年）などの著書にみることができる。「日本人種」を「改良」「改造」するという主張は、世界は弱肉強食的な生存競争が繰り広げられる場である、とする社会進化論的な世界観に基づき、西洋諸国との生存競争に必要な国力をつけるという近代日本の国家政策を背景として出てきたものである。日本の優生学の特徴は、遺伝を中心とした欧米の優生学とは異なり、環境をより重視したところにあり、欧米との生存競争で生き残るためには、生活と教育環境を整え、身体を鍛え、道徳心を養うことで「日本人種」の「改良」「改造」が可能だとした。(19)ここにみられるのは、人種が生物的、つまり運命的で不変なものではなく、可変なものとする見方であり、欧米と日本の人種の違い、そして人種と民族という概念との重なりをみることができる。

高橋義雄と海野幸徳の著書の間には四半世紀の隔たりがあり、海野の「改造」では高橋の「改良」よりも環境の比重がより高くなっている。そして、この二つの著書の間の年月が、民族という概念が創出され一般化する時期とほぼ一致する。高橋の著書で有名なのは、「日本人種」が白人との人種混淆によって「人種改良」をおこなうという、「黄白雑婚」という主張である。高橋は「劣等人種」の立場から逆選択説に基づいて、「優等人種」との結婚は「劣等人種」にはいい結果が伴うとして、[20]「日本人種」が結婚するのは「欧米優等の人種あるのみ」[21]と主張した。しかし、高橋の著書では、「人種改良」は「雑婚」という手段で遺伝的におこなうだけでなく、「体育の事」「生計の品位の事」という二つの章を設け、「人種改良」のために環境を改善することの重要性も指摘している。

一方、海野は、「黄白雑婚」で「日本人種」を「改良」するという高橋の主張とは異なり、厳しい生存競争が繰り広げられる世界で生き残るために、どの国家でも自国の人々を「改造」する必要があり、「日本人種」の「改造」に特別な方法があるわけではないと主張する。[22]海野によると、この生存競争には身体、精神（知識）、社界（国家）という三つの分野があり、日本は身体と知識では欧米にはかなわないが、「日本人種の特長は社界心、一層適切に言明すれば国家心の発達」[23]として、社界（国家）では優位に立つとする。「国家心」とは、「皇室を崇敬し尊重する我国民と、人民を赤子の如く愛撫し給う皇室と、祖先を崇敬する精神」を総合したものを意味する。[24]しかし、欧米との生存競争のためには、天皇制を軸とする国家心を養うだけでなく、身体と知識分野での競争力を高め、犯罪者や障碍者には子どもをつくらせないようにし（人為選択）、身体を鍛え、学術的知識を向上させ、それを商工業の発達に生かして「日本人種」を改造することが急務だと主張したのである。[25]海野は「日本人種」という言葉を使っているものの、すでにその意味は次節で論じる「民族としての日本人」とあまり変わらない。

2　民族とフォルク

民族という語の使用が始まるのは一八九〇年前後であり、民族が概念として確立していくのは一九一〇年ごろにかけてである。[26]この二十年間は、日清戦争（一八九四―九五年）と日露戦争（一九〇四―〇五年）の勝利から台湾や朝鮮半島などへの本格的な植民地支配が開始され、「想像の共同体」としてのネイションに必要不可欠な「国語」が創出され、それが義務教育と新聞の普及によって日本全体に広まっていく時期にあたる。つまり、民族という概念は、人々に「日本人」としてのアイデンティティをもたせて国民国家としての日本を形成する過程で出てきたものであり、ネイションの構築と不可分である。[27]

ネイションを表す語として民族よりも先に登場したのが、国民や人民という言葉である。[28]江戸時代では、国民は大名が治める藩の武士を指し、士農工商の農以下の人々は含まれなかった。[29]一八七〇年代から八〇年代の自由民権運動で、国民は、かつて排除されていた人々を含めたネイション全体を表す語として使用されるようになり、同時期には政府に対置する存在としての人民という語も普及していった。[30]つまり、国民や人民という語は、すべての人間は自由であり、その尊厳と権利について平等であるべきとする近代の人権思想に基づいたものだった。これに対して、大日本帝国憲法では「日本臣民」という語が使われているように、明治政府は君主の支配下にある人々を意味する臣民、という封建的な言葉を公的用語として使って広めようとした。しかし、公的用語は臣民であるにもかかわらず、国民という語の使用が一般的になっていくなかで、国民の意味を臣民に近づける役割を果たしていくのが民族という概念である。[31]

民族という概念に影響を与えたとされるのがドイツのフォルクである。[32] 人種の対抗概念である民族が西洋とアジアを意識したものだったように、フォルクは中央集権的な国民国家体制を整えつつあった隣国フランス、そしてユダヤ人を「他者」として作られた概念である。[33] フォルクはもともと「下層民」を指す言葉だったが、十九世紀にはネイションの構成員全体を指すようになり、概念として確立していった。[34] フランス啓蒙主義では、人間は合理的な存在であり、ネイションは社会契約関係にある合理的な個人の集まりだとして、個人主義的かつ普遍主義的なものとして想像された。このようなフランスのネイションの見方に対抗し、ドイツでは人間の非合理性や感情を強調するロマン主義に基づき、ネイションを個人が有機的に結び付いた一つの生命体と見なした。このようなドイツのネイションを指す言葉として使われたのがフォルクである。

フォルクという概念の重要な要素は風土と文化（特に言語）であり、この二つの要素を本質的なものと捉えることでフォルクは人種と変わらないものになる。フォルクは前資本主義的な素朴な農民を原型としていて、風土、その土地の自然に「根差していること」がこの概念の中心にある。[35] フォルクとは「超経験的な「本質」を持つ一群の人々のまとまり」であり、その「本質」とは「人間の魂と、その自然環境、自然の「本質」との結びつき[36]」である。つまり、フォルクとは人間が自然と一体となってその本質が共有されるような集団である。そしてこの風土という要素で「重要な他者」としての役割を背負わされたのがユダヤ人である。ユダヤ人は、もともとの土地を追われて欧州各地に散らばった「根なし草」であり、主に都市で生活して金融業や商業に従事し、資本主義を体現する人々と見なされ、フォルクが想定する農民、農民が暮らす農村とは対極にある存在と位置づけられた。

もう一つの重要な要素である文化は、フォルクを特徴づけるものとして本質化され、言語は特に重要視された[37]。本質化された言語観は、例えば、ドイツの哲学者ヨハン・ゴットリープ・フィヒテが一八〇七年から〇八年にかけて、フランス軍占領下のベルリンでおこなった講演「ドイツ国民に告ぐ」にみることができる。この講演でフィヒテは、「言語が人間によって作られるよりも、人間が言語によって作られる度合いのほうが、はるかに大きい[38]」とし、「この民族（フォルク）の言語がいま現にある姿となっているのは必然的なことであって、そもそもこの民族が自己の認識を口にしているのではなく、この民族の認識それ自体がこの民族の口をつうじて自らを語っているのだ[39]」と主張した。言語には「民族の認識」、つまりドイツ人の「本質」が込められていて、そのような言語が人間を作るとされ、言語は生物的特徴と同じく、人間のコントロールを超えたものとして捉えられている。フィヒテは言語の変化を認めながらも、その変化は外的なものであり、内部には不変の「本質」が存在し、人々が言語を使用するなかでそれが脈々と受け継がれてきたとした。このように本質化された自然や文化を一つの軸とするフォルク概念は、優生学などの影響を受けた「生物的」人種概念と重なることで、二十世紀にはナチスの「血と土（Blut und Boden）」というイデオロギーや人種主義政策につながっていくことになる。[40]

民族もフォルクと同様に風土、本質化した文化を軸とする。民族という概念がフォルクを意識した理由として、フォルクは、後発国民国家だったドイツが、いち早く中央集権的な国民国家を作ったフランスやイギリスなどとの差別化を目的とした概念だが、十九世紀末に後れて近代国民国家を形成しようとしていた日本の状況と共通するものがあったのではないかと指摘されている。[41]

3　人種から民族へ

民族という語の使用が広がるきっかけを作ったのは、雑誌「日本人」（政教社、一八八八年創刊）や新聞「日本」（一八八九年創刊）ではないかとされている。[42]「日本人」の創刊に関わった志賀重昂は、日本の地理、自然、気候などが「大和民族をして（略）一種特殊なる国粋（Nationality）」[43]を発達させたと主張した。そして、このような「国粋」は「大和民族の間に千古万古より遺伝来り化醇し来り、終に当代に至るまで保存しけるもの」[44]だと述べている。国粋とは、志賀が英語でnationalityと説明しているように、「日本人」が共有する性質、つまり「民族性」である。ここにみられるのは、日本の風土で長年にわたって育まれて純化した「日本人」の「民族性」が、生物的なものであるかのように「日本人」の間で代々遺伝し、受け継がれてきたという主張である。

しかし、民族はフォルクの影響を受けながらも、日本社会の文脈で作られた概念である。フォルクがフランスとユダヤ人を主な他者とした概念だとすれば、民族は西洋とアジアを主な他者として作られた。「日本民族」は、皇室を「宗家」とし、天皇を「族父」とした天皇の「赤子」、つまり「同祖の「血族」的な類縁関係で結ばれた存在」であるとする、天皇制に基づいた同祖同族的民族観をその特徴とした。[45] このような民族観が、日本を一大家族のように見なす家族国家イデオロギーの基礎になっていく。

志賀の「国粋」という概念では、「日本人」の「民族性」は天皇制と結び付けられてはいないが、これを明確に結び付け、同祖同族的民族観の形成に大きな影響を与えたのが、ドイツへの留学経験がある憲法学者の穂積八束[46]である。穂積は、天皇を父とし皇室の子孫である日本民族は、互いに血がつながっているだけではなく、ほかの民族と混じり合っていない「純白なる血統団体」であるとした。[47] そして、異なる国の王室間で婚姻関係を結ぶなど、民族が混じり合ってきた欧州を比較対象とし、日本の皇室はその「血筋」を途切らせることなく続いてきたとする「万世一系」の強調へとつながっていく。[48]「万世一系」は、「日本民族」の「宗家」である皇室の純粋性、それによって日本民族の純粋性を強調するだけではなく、皇室の「血筋」の連続性は男系が前提になっていて、ジェンダー化されていることにも注意が必要である。

戦前の天皇制言説は、「日本人」「日本語」「日本文化」の三位一体と相互に支え合う関係にあった[49]ことが示すように、民族という概念の重要な要素は、天皇を中心とした「日本人」の「血」のつながり、言語、文化である。例えば、穂積八束と同じくドイツ留学経験者で、「国語」の創出に中心的な役割を果たした日本語学者の上田万年は、一八九四年におこなった講演「国語と国家と」で天皇制と言語を民族に結び付けている。[50]上田は「忠君愛国の大和魂と、この一国一般の言語とを有つ、大和民族[51]」と述べたうえで、「日本語は日本人の精神的血液」であり、「日本の国体は、この精神的血液にて主として維持」されると主張した。[52]「大和民族」を天皇制、そして言語で特徴づけられる存在としているだけではなく、日本語を「精神的血液」と表現し、「血」という生物的な物質に例えている。言語という誰でもあとから習得ができる文化的なものを、生まれ持った生物的なものであるかのように捉えることで、民族は誰もが参加できる集団ではなくなってしまう。バリバールの「虚構のエスニシティ」(第1章を参照)では、言語は開放性、人種は閉鎖性を支えていたが、ここでは言語も閉鎖性を支えるものになって排他性がさらに強まる。このような民族概念によって、人種から白人を頂点とするヒエラルキーを取り除きながらも、人種の排他性を維持することが可能になるのである。

民族という概念が成立していく過程で、まずは「大和民族」、続いて「日本民族」という語が使われるようになる。[53]アイヌや沖縄の人々については、その言語や文化(例えば入れ墨)を否定して日本語による同化教育をおこなうことで「日本人」化し、同時に「旧土人」もしくはそれに類する異民族として「日本民族」と差異化した。[54]そして部落の人々については、起源が異なる別の人種ではなく、社会の進歩に取り残された、つまり文化的に「遅れた」人々として「後進性」を強調するようになる。[55]そして、日本が台湾、朝鮮、樺太南部、関東州、南洋諸島、満洲で植民地を拡大していくなかで、植民地の人々との差異化を図り、部落の人々を「日本民族」の「落伍者」としながらも、「日本民族」に包摂していくことになる。[56]

そして、日中戦争（一九三七―四五年）に突入し、国内のマイノリティだけではなく植民地の人々を労働者や兵士として動員する必要が高まり、日本語の強制、創氏改名などの同化政策を強化し、朝鮮半島や台湾の人々と「日本人」の婚姻（「内鮮結婚」「内台結婚」）が許容されていく。そうなると、植民地の人々をどのようにして「日本人」として同化し、同時に「日本人」と差異化しつづけるのか、というジレンマに直面する。加えて、当時、影響力をもっていた、「日本民族」は多様な民族が混ざり合った「混血民族」であるという主張も、「日本人」と植民地支配下のアジアの人々との差異化と境界を揺るがし、植民地支配の正当性にとって脅威になった。[57]なぜなら、「日本人」がほかのアジアの人々と混じり合っているとすれば、両者の間の境界は曖昧になり、優劣がつけられなくなるからである。

そこで使われた論理が、もともとは「混血民族」だったが、長い年月の間に人種的統合が進んで現在の「日本民族」になり、「日本民族」は同時に「日本人種」であるというものだった。[58]この論理を使えば、植民地の人々を「日本民族」の起源ではその一部であり血縁であるとして、「日本民族」のなかに含めると同時に、「純日本人」である「大和民族」とは劣る「準日本人」と見なすことが可能になる。[59]さらに、日本政府は、家族国家イデオロギーを具体化するものとしての戸籍制度を使い、植民地と日本列島の戸籍を「外地」と「内地」のものに分け、[60]「日本民族」の意味を「原日本人」である「大和民族」とそれ以外というように二元化させていった。[61]したがって、同化政策にもかかわらず、植民地の人々が完全に「日本人」として包摂されることはなかったのである。

4　民族から「日本人」へ――単一民族神話の定着

敗戦後から一九五〇年代の半ばごろまで、民族という言葉を使ったのは、主に左派の政治家や知識人だった。[62]右派の政治家や知識人は、戦前の軍国主義的ナショナリズムと関連づけられることを恐れて、民族という言葉の使用を避けるようになったからである。その一方で、戦前は非体制側だった左派は、民族を民衆や国民という言葉と交換可能なものとして、GHQ（連合国軍総司令部）による日本占領、日本政府や天皇制の抑圧に抵抗する人々という意味で使っていた。つまり、左派による「民族としての日本人」は、戦前のような「支配民族」ではなく「被支配民族」だった。しかし五二年にGHQの占領が終結し、戦後復興が進み、敗戦直後のような左派の影響力が失われていくことで、このような意味で民族が使われることも少なくなっていく。

これ以降、民族は戦前の軍国主義的ナショナリズムを想起させるものとして、「日本人」に対して使われることが避けられるようになり、主に国内のエスニックマイノリティ（例えば「アイヌ民族」）や国外のエスニックグループ間の紛争（例えば「エチオピアの民族紛争」）に対して使われるようになる。[63]つまり、民族は欧米のエスニシティと近い意味で使われるようになるのである。そして、「日本人」は民族ではなく単に「人」になり、自らを「日本民族」「大和民族」と呼ぶことをやめ、「日本人」という呼称だけを使うようになっていく。

しかし、「日本人」が自分たちを民族と呼ばなくなったことは、「民族としての日本人」にまとわりつく天皇制イデオロギーや植民地支配、侵略戦争の過去を直視したうえでそれと決別したことを意味しなかった。なぜなら、敗戦でアジアの植民地を手放し、アジアでは中国、北朝鮮、ベトナムなどが共産主義化するなか、冷戦体制下の日本はアジアでの「反共の壁」になることを期待され、さらに西側陣営の欧米諸国も自らが植民地支配者だったことも手伝い、戦前のアジアでの植民地支配と戦争責任に向き合うことを免れたからである。[64] 政治学者で思想史研究者の尹健次は、民族という言葉を回避した戦後の「日本人」という呼称は、戦前の日本の過去を覆い隠すようなはたらきをしたと述べ、[65]「「民族」を「空洞化」させたアイデンティティ」[66] であると主張している。

一九六〇年代には高度経済成長で日本国内の地域格差が減少していくことで、戦前の「多民族帝国」にかわって「単一民族社会」という国家イメージが定着していった。[67] このイメージの定着には、五二年の日本の主権回復と同時期に、旧植民地出身者の日本国籍を一方的に取り上げて「外国人」として排除し、「単一民族国家」としての日本を積極的に作った日本政府とそれを支えた右派の政治家や知識人の影響がある。加えて、戦後、民族という言葉の使用を継続した左派の政治家や知識人の以下のような考え方も影響している。

まず、民族自決権を根拠としてＧＨＱ支配からの解放を主張したことである。[68] 民族自決は「一つの民族が一つの国家をもつ」という国民国家の枠組みに基づいたものであることから、日本は「単一民族国家」という見方を強調せざるをえなくなる。加えて、「多民族」は戦前の「大日本帝国」の特徴であり、国内の地域格差を是正して「日本人」が「単一民族」としてまとまり、日本が「単一民族国家」となることは、その過去と決別するものとして肯定的に評価したことである。[69]つまり、右派と左派はそれぞれ異なる観点から「単一民族国家」を支持したのである。しかし、一九六〇年代以降、左派が過去を反省して新たに目指すべきものと意味づけた「単一民族」ではなく、右派による日本は古代以来「単一民族」だったとする「単一民族神話」が定着していくことになる。[70]「単一民族神話」は日本政府の実質的な行為によっても支えられてきた。例えば、日本が一九七九年に批准した国際人権規約（自由権規約）の「規約第40条(b)に基づく第1回報告」（一九八〇年）では「本規約に規定する意味での少数民族は我が国に存在しない」としてアイヌの存在を否定していて、アイヌを「少数民族」と認めたのは九一年に提出した「規約第40条(b)に基づく第3回報告」からである。[71]二〇〇七年国際連合（国連）総会が「先住民族の権利に関する宣言」を採択したことをきっかけに、〇八年衆参両院本会議で「アイヌ民族を先住民族と認定することを政府に求める決議」を全会一致で採択した。それから十年以上たった一九年に「アイヌの人々の誇りが尊重される社会を実現するための施策の推進に関する法律」（「アイヌ新法」）が成立し、アイヌが「先住民族」と初めて明記された。しかし、国連の宣言で認めるべきとしている、奪われた土地や天然資源（漁業権など）に関する権利の回復など、先住民族の実質的な権利の保障については盛り込まれていない。そして国連の人種差別撤廃委員会が一四年と一八年に沖縄の人々についても「先住民族」と認めてその権利を保障するように日本政府に勧告したが、日本政府はそれに応じていない。[72]

「単一民族神話」を人々の意識に定着させるのに大きな役割を果たしたのが、日本の経済大国化、国際化を背景に、特に一九七〇年代から八〇年代にかけて流行した日本人論・日本文化論（以下、日本人論と表記）である。日本人論とは、「日本人の文化、社会、行動・思考様式の独自性を体系化、強調する言説[73]」を指す。西洋（特にアメリカ）を比較対象として、「日本人」と日本文化の特殊性を強調した一般書が多数出版され、例えば文化人類学者の中根千枝の『タテ社会の人間関係』（〔講談社現代新書〕、講談社、一九六七年）、精神医学者の土居健郎の『「甘え」の構造』（弘文堂、一九七一年）など、ミリオンセラーになるものもあった。[74]

日本人論では「血統」、言語、文化が三位一体であることが前提とされていて、[75]この点では戦前の「民族としての日本人」と重なるが、天皇制との関係についてはみえにくくなり、「日本人」は表面的には非政治的な文化集団として描かれた。かつて上田万年が「日本人」の「精神的血液」と呼んだ日本語は、同じように「日本人」の生物的特徴であるかのように捉えられ、「非日本人」には完全な理解や習得が難しいものとされた。日本文化は主に西洋（特にアメリカ）を重要な他者とし、個人主義的で自立していて、人間関係は平等主義的、言語化を重視する西洋文化・西洋人に対して、日本文化・「日本人」は集団主義的で、その人間関係には「甘え」があり、上下関係を重んじ、言語化よりは「察し」や沈黙を重視する、というように二項対立的に特徴づけられた。[76]しかし、このような日本人論の「日本人」と「日本文化」は「大学卒、大企業、男性[77]」を前提としたものであり、女性や労働者階級の人々など多様な「日本人」を考慮したものではなく、「人種化・ジェンダー化・階層化」されていたのである。[78]そして、日本人論が流行した一九七〇年代は、「日本人」はみな中産階級であるという「一億総中流」言説が広まり、日本社会で貧困問題が不可視化されていく時期でもあった。[79]

日本人論の「文化集団としての日本人」は、民族という語は使われていなくても戦前の民族の意味は存在するという、「民族でありながらも民族ではない日本人」である。それによって、「日本人」「日本語」「日本文化」の三位一体は維持しながらも、民族概念と不可分であるアジア地域での植民地支配の記憶を切り離し、戦前の「民族としての日本人」を忘却すること、つまり「民族の空洞化」が可能になる。さらに、この「日本人」では、ジェンダー、エスニックマイノリティ、教育や経済格差、障碍などに関わる多様性が不可視化され、大学卒で大企業に勤める男性が「日本人」を代表していても、そうであるとは明言されない。「文化集団としての日本人」は、非政治的な集団として描かれることが政治的な効果をもたらすという脱政治化された存在である。

「単一民族神話」が「民族の空洞化」と重なることで、「単一民族」という言葉は一般的にもよく使われるが、「単一民族」の「民族」がいったいどの民族なのかが不明であるという「名無しの単一民族観[80]」を生み出していく。この民族観は、「日本人」だと自任している人が日本は「単一民族社会」だと思っていても、「あなたの民族は?」と聞かれるとそれには答えられず、自分を「大和民族」と呼ぶことには違和感をもってしまうような意識のことである。例えば、日本国籍をもつ大学生を対象におこなわれた二〇一五年の調査で、「あなたは何民族かと聞かれたら答えることができるか」という質問に対し、九五パーセントの学生が「いいえ」と答えている[81]。

「民族の空洞化」に支えられ、「名無しの単一民族観」を特徴とする単一民族神話、つまり「(名無しの)単一民族神話」が具体化され、同時にこの神話を再生産している例が、国勢調査の質問項目である。第1章でアメリカとイギリス(イングランド)の国勢調査票を紹介したが、日本の二〇二

○年国勢調査票では人種やエスニシティに関する質問はない（図1を参照）。それに近い質問項目としては「国籍」（問7）があり、選択肢は「日本」か「外国」の二つだけで、「外国」を選んだ場合には具体的に国籍を記入する。「国籍」の質問だけでは、アイヌや沖縄の人々、日本国籍を取得した在日コリアンや移民の人々などのエスニックマイノリティは不可視化され、「（名無しの）単一民族神話」が現実であるかのような錯覚を生み出してしまう。

　しかし、一九二〇年におこなわれた第一回国勢調査から敗戦までは、「民籍または国籍」（図2を

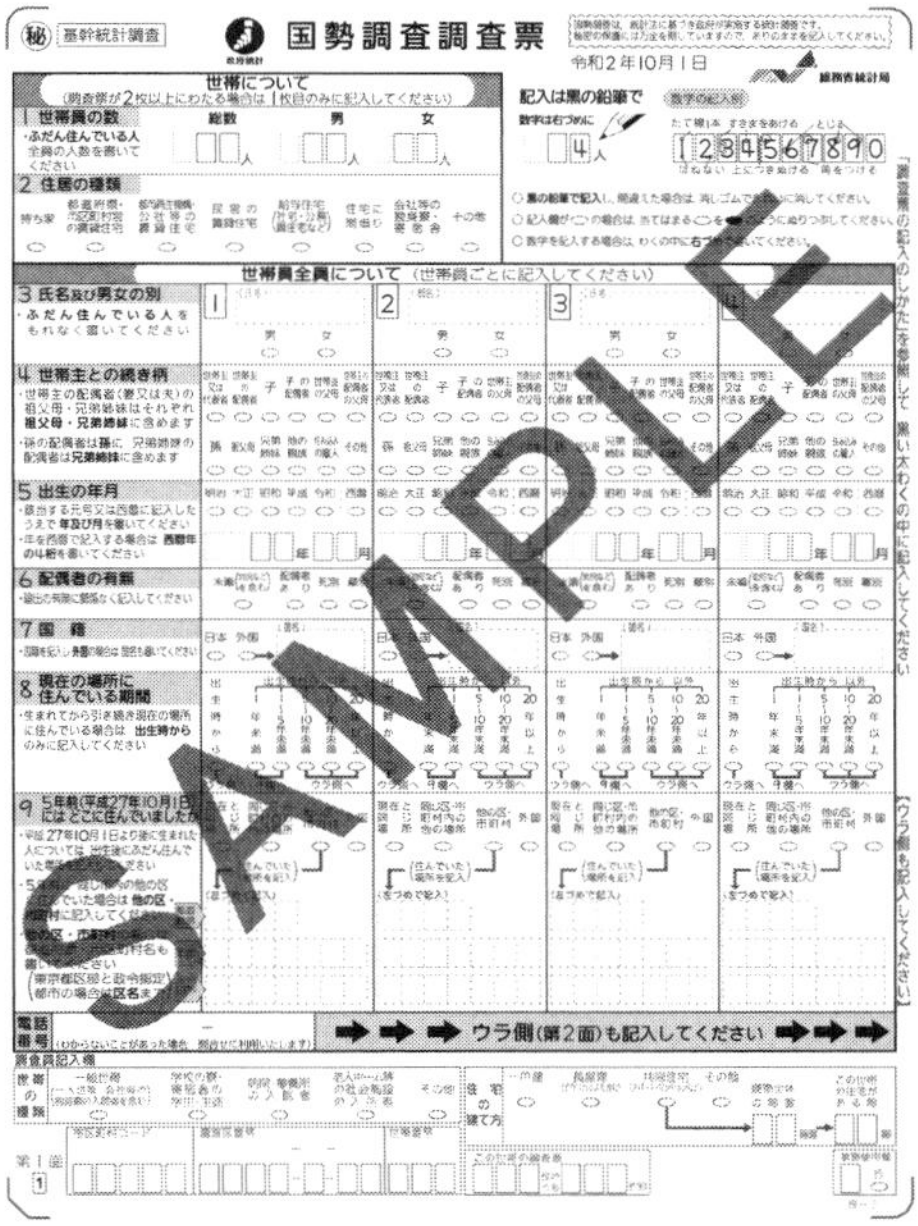

図1　2020年国勢調査の調査票

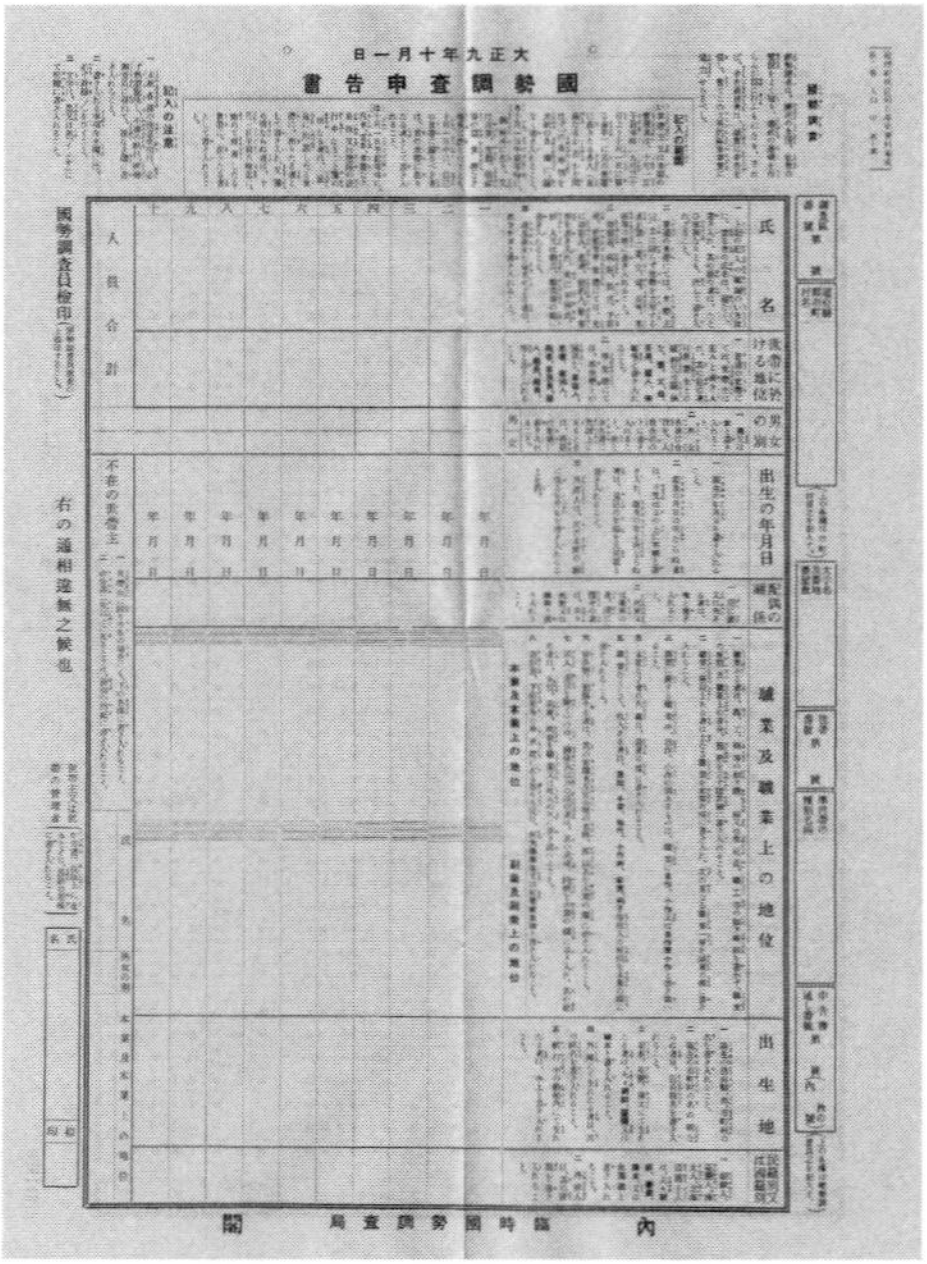

図2　第1回1920年国勢調査の調査票。「民籍または国籍」という質問項目はいちばん下にある
（出典：総理府統計局編『総理府統計局百年史資料集成 第2巻〔2〕（人口 中）』総理府統計局、1983年、578〔「国立国会図書館デジタルコレクション」（https://dl.ndl.go.jp/pid/11932502）［2023年3月9日アクセス］〕）

参照）、戦後は五〇年国勢調査までは「国籍または出身地」を記入することになっていて、「国籍」だけになるのは五五年国勢調査以降である。(82) 第一回国勢調査票の「民籍または国籍」の質問には注意書きがあり、そこには「一　朝鮮人、台湾人、北海道旧土人は、それぞれ朝鮮、台湾、樺太、または北海道と書き入れること」「二　外国人はその国籍を書き入れること」と書いてある。「北海道旧土人」とはアイヌの人々を指しているが、(83) アイヌの人々が注意書きに含められたのは第一回だけである。

日本の国勢調査に「国籍」だけではなく、民族もしくはエスニシティについての質問が含められれば、アイヌや沖縄の人々、そして日本国籍を取得した在日コリアンや移民など、日本国籍者のなかの多様性が浮き彫りになるだけでなく、外国籍であっても日系や「ハーフ」の人々など、祖先や親が日本とのつながりをもつ人々の存在もより可視化されるだろう。ただし、この質問を含めるのであれば、その目的を明確にしておく必要がある。戦前の国勢調査で「民籍」が入っていたのは、植民地支配下の朝鮮半島や台湾などの人々を「日本人」に同化しながらも、完全に包摂することを拒否し、差異化するという目的のためだったのではないか。現在の日本でこの質問を含めることは、依然として影響力が強い「(名無しの)単一民族神話」を揺さぶり、多様な人々のアイデンティティを承認するとともに、そのような人々が生きる社会として「日本人」の意識や日本の制度を変容させていくという目的のためであるべきだろう。

5　一九九〇年代以降の「日本人」

一九九〇年代に入り、国際化がグローバル化と呼ばれるようになり、人やモノなどの移動が激化するなかで、日本人論というジャンルの流行は収束していった。しかし、同じように日本文化を特殊化そして本質化し、「日本人」の意味を排他的に語るような言説は消えることはなく、そのための他者を西洋だけではなく世界各国へと多角化していく。(84)そのなかでも、民族という概念のもう一つの重要な他者だったアジアが再び前景化し、日本人論のように西洋だけではなくアジアを他者として「日本人」の意味を作ることが増えていく。

アジアが再び「日本人」の意味にとっての重要な他者となっていった背景には、経済的・政治的・歴史的な要因が絡み合い、戦前の「民族としての日本人」と向き合わなくてはならなくなったことがある。九〇年代以降、韓国や台湾をはじめとするアジア諸国の経済発展の勢いが増していく一方で、日本ではバブル経済が崩壊し、そのあとは経済的にも社会的にも停滞する時期が続いた。加えて、冷戦体制の崩壊やアジア諸国の民主化を背景に、これまで沈黙させられてきたアジア地域の人々が、日本の戦争そして植民地支配に関する責任を追及する動きが表面化してくる。

一九九一年、韓国人の金学順氏が「従軍慰安婦」の被害を当事者として初めて名乗り出て、日本政府を提訴した。これをきっかけに、九三年、河野洋平官房長官が「従軍慰安婦」に対する日本軍の関与を認めた「河野談話」を発表し、日本の植民地支配と侵略戦争についての議論が活発になる。九五年には社会党の村山富市首相が「植民地支配と侵略」によってアジア諸国の人々に「多大の損害と苦痛」を与えたとして謝罪し、この「村山談話」はそれ以降の内閣に踏襲されていくことになる。九五年度に高校の世界史・日本史教科書、九七年度に中学の社会科教科書に「従軍慰安婦」に関する記述が掲載された。九六年には国連人権委員会による女性に対する暴力に関する報告書「クマラスワミ報告」が「従軍慰安婦」問題に言及し、国際社会でも問題化されていった。

このような動きに反発し、アジア地域での植民地支配やアジア太平洋戦争を反省すべきものとして捉えるような態度を「自虐史観」「東京裁判史観」と呼び、「従軍慰安婦」問題や南京大虐殺などを否定し、日本の植民地支配や侵略を正当化する動きが高まっていった。このような歴史修正主義は、それを批判するリベラル層やマスメディアへの反発を介して、右翼だけにとどまらず、マンガやネットなどのサブカルチャー圏、そしてより幅広い保守層を巻き込んで一般化していく。[85]

それが一般社会で表面化したのが、本章の冒頭でふれた「ヘイトデモ」であり、同時期に流行した、韓国と中国、そしてそれにつながる人々を嘲笑し、貶めるような内容を書き連ねた一般週刊誌の「ヘイト記事」や「ヘイト本（嫌韓・嫌中本）」と呼ばれた一般書の流行である。二〇一二年四月から一五年九月までの約三年半に千百五十二件の「ヘイトデモ」がおこなわれた。[86]「ヘイト本」ブームが頂点だった一三年から一四年の二年間には、累計二百冊を超える「嫌韓・嫌中本」が出版されたと推定されている。[87]一四年には複数の「ヘイト本」が部門別の年間ベストセラーに入り[88]、一七年にはアメリカ出身のタレントで弁護士のケント・ギルバートが執筆し、講談社というメジャーな出版社が出した『儒教に支配された中国人と韓国人の悲劇』（講談社＋α新書）が年間ベストセラーの総合部門でトップテン入りした。[89]

ベストセラーになった「ヘイト本」では、韓国と中国では自由や民主主義が保障されておらず、上下関係にこだわり、差別的で欺瞞的であるとされ、日本はその逆、つまり平等主義的で正直な国として描かれている。[90]このように表象することで、韓国や中国が非難する「従軍慰安婦」や南京大虐殺などの日本の植民地支配や侵略戦争での行為は「嘘」であり、日本の責任を追及することは日本に対する差別、つまり「反日」だということになる。西洋を他者とした日本人論では、「日本人」は「脱政治化された文化集団」でいられたが、アジア（韓国と中国）を他者とした「ヘイト本」では、戦前の「民族としての日本人」と向き合わざるをえない。したがって「日本人」を単なる文化集団として描くことが難しくなり、「日本人」の意味は再政治化されていく。しかし、「民族としての日本人」の過去を受け入れるのではなく、その過去を否定して「日本人」をポジティブに描くため、アジアをネガティブな存在に貶めるという構図がそこにはある。

本章では、人種と民族という日本の二つの人種概念が、欧米の人種やドイツのフォルクという概念の影響を受けながら日本社会の歴史的な文脈でどのように作られ、変遷し、「日本人」の意味に影響を与えてきたのかについて論じてきた。次章では、第1章と第2章で述べた欧米の人種概念と日本の人種概念を踏まえ、欧米と日本の人種混淆についての議論をみていく。

注

(1) 在特会らの運動については樋口直人『日本型排外主義——在特会・外国人参政権・東アジア地政学』(名古屋大学出版会、二〇一四年)が詳しい。

(2) 「ヘイトスピーチ、許さない。」「法務省」(http://www.moj.go.jp/JINKEN/jinken04_00108.html)［二〇二二年九月七日アクセス］

(3) 前掲「明治期の地理教科書にみる人種・種・民族」二〇六ページ

(4) 安田浩「近代日本における「民族」観念の形成——国民・臣民・民族」、唯物論研究協会編「季刊思想と現代」第三十一号、唯物論研究協会、一九九二年、六六ページ

(5) 山室信一『思想課題としてのアジア——基軸・連鎖・投企』岩波書店、二〇〇一年

（６）同書九ページ
（７）同書五四ページ
（８）同書五五―五六ページ
（９）同書五六ページ、Morris-Suzuki, Tessa, *Re-inventing Japan: Time, Space, Nation*, M.E. Sharpe, 1998, p. 85.
（10）前掲「人種概念の包括的理解に向けて」三六ページ
（11）福沢諭吉、慶應義塾編『福沢諭吉全集』第二巻、岩波書店、一九五九年、四六二―四六三ページ
（12）前掲「明治期の地理教科書にみる人種・種・民族」
（13）同論文二二三―二二六ページ
（14）同論文二二六―二二九ページ
（15）坂野徹「人種・民族・日本人――戦前日本の人類学と人種概念」、前掲『人種概念の普遍性を問う』所収、二三二―二三四ページ
（16）例えば、黒川みどり「部落差別における人種主義――「人種」から「民族」へ」（沖浦和光／寺木伸明／友永健三編著『アジアの身分制と差別』所収、部落解放・人権研究所、二〇〇四年）二四一―二六一ページ、富山一郎「国民の誕生と「日本人種」」（「思想」一九九四年十一月号、岩波書店）三七―五六ページ。
（17）前掲「部落差別における人種主義」二八四―二八五ページ
（18）前掲「国民の誕生と「日本人種」」四一ページ
（19）同論文四六―四七ページ
（20）高橋義雄「日本人種改良論」、鈴木善次編・解題『欧化思想と人種改良論』（「日本の優生学資料選

集――その思想と運動の軌跡」第一巻）所収、クレス出版、二〇一〇年、五六八ページ。原文の送り仮名はカタカナ。

（21）同書五八三ページ

（22）海野幸徳『日本人種改造論』冨山房、一九一〇年、一九四―一九五ページ（https://dl.ndl.go.jp/info:ndljp/pid/832934）［二〇二二年九月八日アクセス］

（23）同書二〇九ページ

（24）同書二二四ページ

（25）海野幸徳『日本人種改造論　訂正増補改版』冨山房、一九一一年、二九八―三〇二ページ（https://dl.ndl.go.jp/info:ndljp/pid/1230017）［二〇二二年九月八日アクセス］

（26）前掲「近代日本における「民族」観念の形成」六六ページ

（27）同論文七二ページ

（28）同論文六四ページ

（29）Doak, Kevin M., *A History of Nationalism in Modern Japan: Placing the People*, Brill, 2007, p. 166.

（30）前掲「近代日本における「民族」観念の形成」六四―六五ページ

（31）同論文六五ページ

（32）例えば、川田順造「「民族」概念についてのメモ」（日本民族学会編「民族学研究」第六十三巻第四号、日本民族学会、一九九九年）四五八ページ、尹健次『民族幻想の蹉跌――日本人の自己像』（〔岩波人文書セレクション〕、岩波書店、二〇一一年）四二―四四ページ、Morris-Suzuki, *op. cit.*, p. 85.

（33）小原淳「近代ドイツにおける「フォルク」概念の歴史的変遷――法的・政治的主体としての「フォルク」概念の成立と有機体論の展開」、早稲田大学史学会編「史観」第百五十三巻、早稲田大学史学会、二〇〇五年、七九―九六ページ、ジョージ・L・モッセ『フェルキッシュ革命――ドイツ民族主義から反ユダヤ主義へ』植村和秀／大川清丈／城達也／野村耕一訳（パルケマイア叢書）、柏書房、一九九八年

(34) 前掲「近代ドイツにおける「フォルク」概念の歴史的変遷」八一―八二ページ、Hutton, Christopher M., *Race and the Third Reich*, Polity, 2005, p. 19.

(35) 前掲『フェルキッシュ革命』二一ページ、三二―三三ページ

(36) 同書一九ページ

(37) Hutton, *op. cit.*, p. 19.

(38) ヨハン・ゴットリープ・フィヒテ「ドイツ国民に告ぐ」、ルナン／フィヒテ／E・バリバール／J・ロマン／鵜飼哲『国民とは何か』所収、鵜飼哲／大西雅一郎／細見和之／上野成利訳、インスクリプト、一九九七年、八〇ページ

(39) 同講演八一ページ

(40) Hutton, *op. cit.*

(41) 例えば、前掲「「民族」概念についてのメモ」。

(42) 前掲「近代日本における「民族」観念の形成」六六ページ

(43) 志賀重昂「「日本人」が懐抱する処の旨義を告白す」、松本三之介編『政教社文学集』(「明治文学全集」第三十七巻)所収、筑摩書房、一九八〇年（初出：一八八八年）、九九ページ

(44) 同論文一〇〇ページ

(45) 前掲「近代日本における「民族」観念の形成」六九ページ

(46) 同論文六六―七一ページ

(47) 穂積八束『国民教育 愛国心』有斐閣、一九一〇年、一四ページ(https://dl.ndl.go.jp/info:ndljp/pid/754600)[二〇二二年二月一日アクセス]
(48) 前掲「近代日本における「民族」観念の形成」六七ページ
(49) 酒井直樹『死産される日本語・日本人――「日本」の歴史-地政的配置』新曜社、一九九六年、一三一―一四五ページ
(50) この講演では民族と人種が同義語として使われていて、民族概念の確立途中だったことが感じられる。上田はドイツ留学後、短期間フランスにも留学している。
(51) 上田万年『国語のため 訂正版』冨山房、一八九七年、一〇ページ(https://dl.ndl.go.jp/info:ndljp/pid/993047)[二〇二二年九月七日アクセス]
(52) 同書一二ページ
(53) 前掲『民族幻想の蹉跌』四五ページ
(54) 小熊英二『〈日本人〉の境界――沖縄・アイヌ・台湾・朝鮮 植民地支配から復帰運動まで』新曜社、一九九八年、第二―三章
(55) 黒川みどり『創られた「人種」――部落差別と人種主義』有志舎、二〇一六年、第三章
(56) 同書第三章
(57) 前掲「人種・民族・日本人」二四七ページ
(58) 同論文二四八ページ
(59) 小熊英二『単一民族神話の起源――〈日本人〉の自画像の系譜』新曜社、一九九五年、三七一ページ
(60) 遠藤正敬『近代日本の植民地統治における国籍と戸籍――満洲・朝鮮・台湾』明石書店、二〇一〇

年
（61）子安宣邦「「日本民族」概念のアルケオロジー」、「アソシエ」編集委員会編「アソシエ」第十七号、アソシエ21、二〇〇六年、八―一九ページ
（62）前掲『〈日本人〉の境界』第二十一章、小熊英二『〈民主〉と〈愛国〉――戦後日本のナショナリズムと公共性』新曜社、二〇〇二年、第五―九章
（63）例えば、前掲『民族幻想の蹉跌』六―一六ページ。
（64）例えば、Dower, John W., *Embracing Defeat: Japan in the Wake of World War II*, W.W. Norton & Company/New Press, 1999, pp. 469-474.
（65）前掲『民族幻想の蹉跌』一三ページ
（66）同書六ページ
（67）前掲『単一民族神話の起源』、前掲『〈日本人〉の境界』
（68）同書五三五ページ
（69）前掲『〈民主〉と〈愛国〉』第七章
（70）同書五五六ページ
（71）「規約第40条(b)に基づく第1回報告」「外務省」(https://www.mofa.go.jp/mofaj/gaiko/kiyaku/index.html)［二〇二二年一月二十九日アクセス］、「規約第40条(b)に基づく第2回報告」「外務省」(https://www.mofa.go.jp/mofaj/gaiko/kiyaku/index.html)［二〇二二年一月二十九日アクセス］、「規約第40条(b)に基づく第3回報告」「外務省」(https://www.mofa.go.jp/mofaj/gaiko/kiyaku/index.html)［二〇二二年一月二十九日アクセス］。ここで問題になっているのは、国際人権規約（自由権規約）第二十七条「種族的、宗教的又は言語的少数民族が存在する国において、当該少数民族に属する者は、その集

団の他の構成員とともに自己の文化を享有し、自己の宗教を信仰しかつ実践し又は自己の言語を使用する権利を否定されない」である。

(72)「沖縄の民意尊重を　国連人種差別撤廃委が日本に勧告」「琉球新報」二〇一四年八月三十日付(https://ryukyushimpo.jp/news/prentry-230843.html)［二〇二二年一月二十九日アクセス］、「沖縄への基地集中は「人種差別」国連が日本政府に勧告」「琉球新報」二〇一八年八月三十一日付(https://ryukyushimpo.jp/news/entry-794147.html)［二〇二二年一月二十九日アクセス］

(73)吉野耕作『文化ナショナリズムの社会学――現代日本のアイデンティティの行方』名古屋大学出版会、一九九七年、四ページ

(74)Sugimoto, Yoshio, "Making Sense of *Nihonjinron*," *Thesis Eleven*, 57(1), 1999, p. 81.

(75)ハルミ・ベフ『イデオロギーとしての日本文化論』思想の科学社、一九八七年、一九四ページ

(76)例えば、同書二〇〇ページ、Yoshino, Kosaku, *Cultural Nationalism in Contemporary Japan: A Sociological Enquiry*, Routledge, 1992, pp. 11-12.

(77)杉本良夫「日本文化という神話」、井上俊／上野千鶴子／大澤真幸／見田宗介／吉見俊哉編『日本文化の社会学』(「岩波講座現代社会学」第二十三巻)所収、岩波書店、一九九六年、一〇ページ

(78)下地ローレンス吉孝『「混血」と「日本人」――ハーフ・ダブル・ミックスの社会史』青土社、二〇一八年、一四三ページ

(79)河合優子「生活保護言説における「日本人」と「外国人」を架橋する」、岩渕功一編著『多様性との対話――ダイバーシティ推進が見えなくするもの』(青弓社ライブラリー)所収、青弓社、二〇二一年、九四ページ

(80)岡本雅享「日本人内部の民族意識と概念の混乱」、人間社会学部紀要部会編「福岡県立大学人間社

会学部紀要」第十九巻第二号、福岡県立大学人間社会学部、二〇一一年、八四ページ、七七―九八ページ
(81) 東優也／中山京子「「人種」に関する認識」、中山京子／東優也／太田満／森茂岳雄編著『「人種」「民族」をどう教えるか――創られた概念の解体をめざして』所収、明石書店、二〇二〇年、六二ページ
(82)「調査項目の変遷」「総務省統計局」(https://www.stat.go.jp/data/kokusei/2005/users/hensen.html)［二〇二二年八月十一日アクセス］
(83) 前掲『国勢調査から考える人種・民族・国籍』一二四ページ。ただし、樺太の国勢調査では引き続き含められた。国勢調査は五年ごとにおこなわれているが、西暦の末尾が〇の年(二〇二〇年など)は大規模調査、五の年(二〇一五年など)は簡易調査と位置づけられている。「民籍または国籍」の質問項目は大規模調査の質問項目である。
(84) 岩渕功一『文化の対話力――ソフト・パワーとブランド・ナショナリズムを越えて』日本経済新聞出版社、二〇〇七年
(85) 倉橋耕平『歴史修正主義とサブカルチャー――90年代保守言説のメディア文化』(青弓社ライブラリー)、青弓社、二〇一八年、伊藤昌亮『ネット右派の歴史社会学――アンダーグラウンド平成史1990―2000年代』青弓社、二〇一九年
(86) 人権教育啓発推進センター「ヘイトスピーチに関する実態調査報告書」人権教育啓発推進センター、二〇一六年、三三ページ(http://www.moj.go.jp/JINKEN/stophatespeech_chousa.html)［二〇二二年九月八日アクセス］
(87) 大泉実成／梶田陽介／加藤直樹／木村元彦『さらば、ヘイト本！――嫌韓反中本ブームの裏側』こ

ろから、二〇一五年、三ページ

（88）「2014年 年間ベストセラー」「トーハン」（https://www.tohan.jp/bestsellers/past.html）［二〇二二年九月八日アクセス］、「2014年 年間ベストセラー」「日本出版販売」（http://www.nippan.co.jp/wp-content/uploads/2014/11/annual_20141128.pdf.）［二〇一九年四月三十日アクセス］。日本出版販売のリンクはすでに削除されている。トーハンのリストでは、新書ノンフィクション部門で室谷克実『呆韓論』（〔産経セレクト〕、産経新聞出版、二〇一三年）が一位、シンシア・リー『韓国人による恥韓論』（〔扶桑社新書〕、扶桑社、二〇一四年）が七位になっている。『呆韓論』は総合部門で十七位に入っている。日本出版販売のリストでは、単行本ビジネス部門で『呆韓論』が三位、新書ノンフィクション部門で『韓国人による恥韓論』が九位、総合部門で『呆韓論』が二十位である。

（89）「2017年 年間ベストセラー」「トーハン」（https://www.tohan.jp/bestsellers/past.html）［二〇二二年九月八日アクセス］、「2017年 年間ベストセラー」「日本出版販売」（http://www.nippan.co.jp/wp-content/uploads/2017/11/annual_20171201.pdf.）［二〇一九年四月三十日アクセス］。日本出版販売のリンクはすでに削除されている。

（90）Kawai, Yuko, “The Grammar of Japanese Racialized Discourse in Hate-Korea Books,” *Asia Review* 8(1), 2018, pp. 289-313, Kawai, Yuko, *A Transnational Critique of Japaneseness: Cultural Nationalism, Racism, and Multiculturalism in Japan*, Lexington Books, 2020, Ch. 4.

第3章　人種混淆

「ハーフ」という言葉から、多くの人は白人もしくは黒人と「日本人」の両親をもつ人をまず思い浮かべるのではないだろうか。最近では、中国、韓国、フィリピンなどアジアにルーツをもつ人々と「日本人」の両親をもつ人も「ハーフ」に含めるという人も多い。「ハーフ」という語が広まったのは一九七〇年代以降だとされている。[1]「ハーフ」という言葉の前には「あいのこ」や「混血(児)」がよく使われていたが、現在では否定的な意味をもつ言葉として一般的にはほとんど使われていない(本章第4節「戦前日本の議論」を参照)。

そのほかにも、一九七九年の国連「国際児童年」に提案された「国際児」[2]、九〇年代に「ハーフ」は「半分」という否定的なニュアンスを含むものだとしてその使用に反対する当事者の親から出てきた「ダブル」、二〇〇〇年代に入って使われるようになった英語のミックスレイス(mixed race)を起源とする「ミックス」という言葉などがある。[3]しかし、これらの言葉が定着したとはいえず、「ハーフ」は依然として日本社会で最もよく使われる言葉である。

海外でも「ハーフ」に似た言葉は存在する。例えば、第1章で紹介したブラジルの「パルド」や「モレーノ」、アパルトヘイト下での南アフリカで一九九一年まで公式に使われていた呼称である「カラード」、中国や韓国で使われる「混血」などである。再度、アメリカの国勢調査の人種カテゴリーの変遷をみてみると（第1章の表1を参照）、黒人とほかの人種とのミックスを指す「ムラトー」というカテゴリーが一八五〇年に初めて登場する。そして、九〇年の国勢調査でムラトーに加えて、祖父母に黒人がいる「四分の一混血（クアドルーン〔quadroon〕）」、曾祖父母に黒人がいる「八分の一混血（オクトルーン〔octoroon〕）」というカテゴリーが登場したあと、次の国勢調査ではこのような細分化したカテゴリーは姿を消す。そしてアメリカの国勢調査で人種を複数選んで回答できるようになるのは二〇〇〇年からである。

現在のアメリカでは、人種混淆を表す言葉として「マルチレイシャル（multiracial）」や「ミックスレイス（mixed race）」という言葉は使われても、ムラトーやクアドルーンなどの言葉が使われることはほとんどない。バラク・オバマ元アメリカ大統領は、ケニアの黒人男性とアメリカの白人女性の間に生まれたが、アメリカでも日本でも「初の黒人大統領」という扱いをされることが多かった。

一方、イングランドの国勢調査では二〇〇一年に「ミックス（mixed）」、一一年からは二一年の国勢調査にも含まれている「ミックスあるいは複数のエスニックグループ（mixed or multiple ethnic groups）」という独立したカテゴリーが設定された（第1章の表3と表4を参照）。そもそもイギリスの国勢調査でエスニシティに関する質問項目が初めて登場したのは一九九一年からであり、その背景には移民の増加、多文化主義の影響などが考えられる。ミックスというカテゴリーは九一年の国勢調査には含まれていなかったが、複数のカテゴリーを選ぶことが可能で、ミックスに相当する人が二十三万人いたことから、二〇〇一年の調査からエスニシティのカテゴリーの一つとして含められた。[4]

だが、イギリスで「ミックス」が日本語の「ハーフ」のようなものとして使われているかというとそうでもない。高等教育機関に在籍するイギリスのミックスの若者三百二十六人を対象にした調査では、ミックスという語だけではなく、例えば、「白人と中国人のミックス」というように具体的に記述する人が最も多く、「ハーフ・ジャパニーズ」「ハーフ・イングリッシュ」というようにハーフという語を含めた人も四分の一ほどいたという。[5] しかし、「ミックス」も「ハーフ」も、日本語のようにある特定の人々に対する呼称、もしくは名詞としてというよりは、これらの人々を叙述する形容詞として使われている。このように呼称を含めて人種混淆をどのように捉えるのかは、それぞれの地域の歴史的・社会的状況そして人種に対する見方によって異なる。

人種混淆の捉え方は人種概念と不可分である。人種混淆は人種概念が明確になることではじめて問題化されるが、それは人種とは何なのかが曖昧であるかぎり、異なる人種の混じり合いが問題になることはないからである。[6] したがって、本章では人種概念について考察した第1章と第2章を踏まえ、欧米と日本での人種混淆についての議論の変遷をみていく。

欧米の人種混淆についての学術的議論の経緯は以下のようにまとめることができる。第二次世界大戦後に「科学的」人種理論が否定されるまでは否定的な見方が強く、戦後から一九九〇年代までは研究が少なく、九〇年代以降にグローバル化で人やモノ、アイデアなどの移動の規模と頻度が拡大するなかで、まずアメリカで人種混淆についての研究が増え、その見方も肯定的になり[7]、その後アメリカ以外の研究も増加していった[8]。一方、日本でまとまった学術書が出てくるようになるのは二〇一〇年代以降である[9]。日本での議論は、人種概念そして歴史的・社会的文脈も異なるため、欧米での議論と重なる部分もあればそうでない部分もある。本章ではまず、人種混淆の頻度が激しく規模も大きかった南北アメリカの事例に言及しながら、欧米での人種混淆に関する議論の歴史的な変遷について概観したあと、日本での議論の変遷をたどる。

1　二十世紀初頭までの欧米の議論

第1章で欧米の人種の概念化が始まるのが十八世紀、人種理論が最盛期を迎えるのが十九世紀であることは述べたが、人種混淆に関する議論が活発になるのも十九世紀である。イギリス出身でイギリスとアメリカの大学で教えてきたポストコロニアル理論研究者のロバート・J・C・ヤングが、「人種理論の中心にあるのは人種混淆の問題である」と主張するように、人種混淆は人種理論で非常に重要な位置を占めていた[10]。人間はみな同じ種であるとする「単一起源説」と別の種であるとする「多起源説」の間の論争が重要なテーマだった進化論以前の人種理論では、人種混淆、つまり異なる人種間の生殖は、白人と有色人種が同じ種に属するのかどうかに関わり、進化論以後の人種理論では人種混淆は白人を退化させる原因と見なされたため、どちらの時代でも重要な問題だった。

人種に関する学術的な議論は、それがおこなわれた社会の状況に影響を受ける。[11] 十九世紀に最盛期を迎えた人種理論と人種混淆の問題化は、同時期に欧米で展開された奴隷貿易と奴隷制に対する反対運動および帝国主義と不可分である。[12] 奴隷貿易と奴隷制の廃止で奴隷が解放されること、帝国主義政策で欧米がアジア・アフリカを植民地化していくことは、両方とも人種混淆の機会を増やすからである。そして、欧州とアメリカでは社会的状況は異なるが、人種に関する議論はこの両地域の間を行き来し、相互に影響を与え合ってきた。[13]

奴隷貿易と奴隷制の廃止は、十九世紀に欧州と南北アメリカで以下のように進んだ。[14] まずフランスの植民地だったハイチが、フランス革命の影響で自由と平等を求める黒人奴隷の反乱が拡大したあと、一七九一年に奴隷制を廃止して一八〇四年に独立し、同じ年にアメリカ北部で奴隷制が廃止された。〇七年にはイギリス、〇八年にアメリカ、一四年にオランダ、一七年にフランスが奴隷貿易を廃止し、南米諸国は一〇年代から二〇年代にスペインからの独立を果たす前後に、奴隷貿易と奴隷制を廃止した。アメリカ南部では六〇年代まで奴隷制が継続するが、南北戦争（一八六一―六五年）を経て、六五年に正式に奴隷が解放され、この約二十年後の八八年、ブラジルでアメリカ大陸に残っていた最後の奴隷制が廃止になった。加えて、十九世紀後半には、欧州諸国が帝国主義政策でアジア・アフリカの植民地を拡大することで、白人と現地の有色人種との人種混淆が発生する可能性が増大し、それに対する警戒感が強まることで人種混淆に関する議論はさらに高まることになる。

十九世紀の欧米の社会情勢を背景に、人種理論が強化されて人種概念がより明確になり、社会的にも人種混淆に対する意識が高まったことを示す例として、まず、アメリカ国勢調査の人種カテゴリーが、一八五〇年から「白人」「黒人」「ムラトー」になったことが挙げられる（第1章の表1を参照）。「自由白人」「自由有色人」「奴隷」という具体的で記述的なカテゴリーが、「白人」「黒人」という抽象的なものになり、「混血」を示す「ムラトー」というカテゴリーが初登場した。奴隷制のもとでは奴隷主である白人男性と黒人奴隷女性の間に生まれたムラトーはかなりの割合で存在していて、十九世紀半ばには、ムラトーは黒人人口の一〇パーセントを超えていたという。[15] その背景には、〇八年にアメリカで奴隷貿易が廃止され、新たな黒人奴隷の輸入が困難になるなかで、白人奴隷主男性と黒人奴隷女性の間に生まれたムラトーの奴隷が増えていたことがある。[16] もちろん互いの心を通わせるような関係もあっただろうが、黒人奴隷女性との間の子どもの身分は奴隷であり、奴隷主の白人男性にとっては自分の「財産」が増えることを意味した。一方で、白人女性と黒人男性の間のムラトーはタブー視されていたが、そこには白人男性は婚姻関係外での性的関係が許されるのに対し、白人女性は許されないというジェンダー規範が関わっている。

二つめの例は、一八六〇年代に人種混淆を指す「miscegenation」という言葉が作られたことである。この言葉が作られる前には、人種混淆に対して異なる金属の融合を表す「amalgamation」[17]、異なる動植物の雑種を表す「hybridization」[18]などが代用されていた。「amalgamation」は金属、「hybridization」は動植物の混淆を示す言葉であり、それを人間に流用したものだった。「miscegenation」は、「混ぜる（miscere）」そして「種類（genus）」の二つのラテン語を合わせた造語であり、アメリカで南北戦争中の六四年に出版されたパンフレットのタイトルとして使われた（写真1）。このパンフレットの著者は奴隷制の維持を主張する民主党支持者のジャーナリストで、共和党がおこなう奴隷解放後にくるのは人種混淆であるとして読者の警戒感を煽り立て、反共和党の風潮を高める目的でこのパンフレットを書いた(19)。

第1章でみてきたように、人種概念と人種理論は人間をある特定の差異に基づいて分類し、白人、黒人という集団を作り、集団間の序列化をつけ、さらに科学を援用して集団間の差異と序列化を強固にするとともに正当化する。そのような人間に対するまなざしの下では、人種のヒエラルキーの頂点に位置する白人とその下に位置づけられる有色人種との混じり合いは、人種集団間の差異と序列が曖昧になるため「好ましくない」ということになる。人種を白人、黒人、黄人と色の名称だけを使用して三分類したフランスのゴビノーが（第1章を参照）、異なる人種が混じり合うことは「優

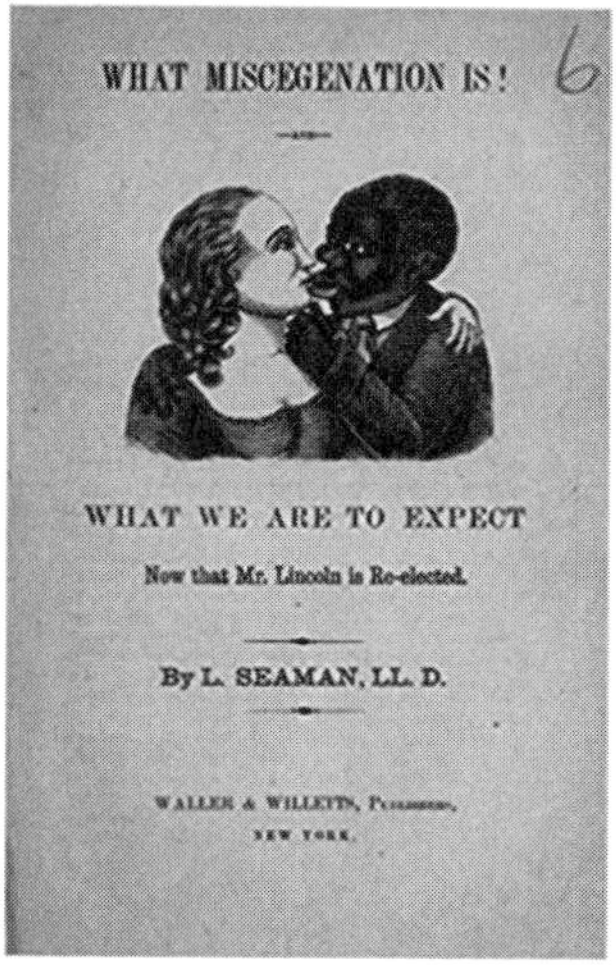

写真1　1864年に発行された人種混淆（miscegenation）という語を掲げたパンフレット。挿絵から特に白人女性と黒人男性の関係に警戒感があったことがみてとれる
（出典：山田史郎『アメリカ史のなかの人種』〔世界史リブレット〕、山川出版社、2006年、29ページ）

れた」人種を退化させると主張したように、人種混淆は第二次世界大戦後にそれまでの人種理論が否定されるまで否定的に捉えられた。

人種混淆に対する否定的な見方の具体例として、例えば、ゴビノーは『人種不平等論』(一八五三―五五年)で、白人はもともと「美、知性、体力を独占」していたが、白人と有色人種の間に生まれた人々は「美しいが体力はない、体力があっても知性がない、もし知性があっても体力がなくて醜い」[20]と主張している。また、アメリカの著名な医師だったジョサイア・ノットと古代エジプトを研究していたジョージ・グリトンは、黒人と白人は別の種に属する「人類多起源説」に立ち、共著『人間の種類』(一八五四年)で、黒人と白人との間のムラトーは「短命」「知性は白人と黒人の中間」「白人と黒人よりも体力がない」などとその劣等性を強調した。[21]

十九世紀半ば以降、人種理論の「科学性」が強化されていくことで、アメリカで人種混淆に対する見方はより厳格になり、人種隔離政策につながっていった。一八九〇年のアメリカ国勢調査では、「ムラトー」に加えて「四分の一混血」「八分の一混血」という細分化されたカテゴリーが登場しているが、このような人種混淆の細かいカテゴリーが出てくること自体が、人種混淆への社会的な意識と関心がさらに高まっていることを示しているといえる。しかし、次の一九〇〇年の国勢調査以降、このようなカテゴリーは姿を消す。その理由は、当時の国勢調査は自己申告制ではなく調査官の判断によるものだったが、その判断の正確性が疑われたためである。[22]

そして、ムラトーというカテゴリーも一九二〇年を最後に消えるが、その背景には黒人の祖先が一人でもいれば黒人になる「一滴の掟」が、アメリカ社会で支配的な見方になっていったことがある。誰を黒人と見なすかは州によって異なっていたが、一八九六年にアメリカ連邦最高裁判所の「プレッシー対ファーガソン裁判」に対する判決が出されたあと、「一滴の掟」は支配的なものになっていった(23)。この裁判は、鉄道車両での黒人と白人の分離を義務づけたルイジアナ州法が、アフリカ系アメリカ人男性にも完全で平等な公民権を保障した合衆国憲法修正第十四条に違反するかどうかをめぐって争われたものである。この判決は「分離すれども平等」という原則を確立し、南部の人種隔離体制を擁護したことで知られているが、この裁判で敗訴した原告は「八分の一混血」だったホーマー・プレッシーで、判決では黒人の祖先が一人でもいる場合は黒人とする「一滴の掟」が明言されている(24)。

2　中南米の人種混淆

このようなアメリカの人種混淆を認めない「一滴の掟」に対し、中南米では人種混淆がその人種観の中心にあり、人種混淆はメキシコやブラジルなど多くの中南米諸国で国家的アイデンティティの重要な位置を占めている(25)。例えば、人口の大部分が人種混淆の結果とされるメキシコでは、褐色の肌をもちヨーロッパ人と先住民の特徴をあわせもつ「メスティーソ」がメキシコ人の原型とされている(26)。ブラジルでも、パルドやモレーノと呼ばれる人種混淆による人々が人口の三分の一程度を占めてきたが(27)、人種混淆は「ブラジル人が人種に関して抱く信念」といわれるほどに人々の意識に定着しているという。[28]

このように人種混淆を肯定的に捉えることは、アメリカの「一滴の掟」に比べてリベラルなものにみえるかもしれない。中南米の人種関係はアメリカよりもリベラルであるという見方は、過去の学術的な議論も強く影響している。ブラジルでは一九三〇年代に人類学者ジルベルト・フレイレが主張した「人種的民主主義」という考え方が九〇年代まで強い影響力をもち、ブラジルだけではなく中南米全体の人種関係に関する議論に影響を与えたという。[29]フレイレの主張は、ブラジルを植民地化したポルトガル人は異なる人種や文化に寛容であり、植民者の男女比率の不均衡も影響して、異なる人種が対立するのではなく混淆することで「人種的民主主義」が確立されたというものである。しかし九〇年代以降、実際には人種間の序列化、差別、格差は存在しているという調査結果が出てくることで、この主張は否定されていく。

人種混淆の肯定も「一滴の掟」も、人種の優劣を前提とする点では一致している。そもそも人種混淆を肯定することは、有色人種の「白人化」を目指したものだった。[30]十九世紀の欧米での人種混淆についての議論は、学問的な「知」として中南米にも伝わっていくが、北米に比べて人種混淆の程度が高い中南米地域では、欧米での優生学の影響を受けた「科学的」人種理論で、「退化」「劣っている」などの人種混淆に対する否定的な見方をそのまま受け入れることは難しかった。そこで人種混淆という現実を否定することなく、同時に欧米の学問的な「知」と矛盾しないために考え出されたのが「白人化」である。現地の学者らは、人種混淆という現実を認めながら、人種の優劣を前提として、白人と有色人種との間の人種混淆によって、人口全体の「白人化」をすすめることで、人種混淆の「劣等性」は修正できるとしたり[31]、人種混淆は白人の「有色人種化」によって退化を招くという欧米の優生学者の主張に対して有色人種を「白人化」することで退化しないと反論したりしたのである[32]。これは「黄白雑婚」によって「日本人種」を「改良」するとした高橋義雄の主張に通じるものがある（第2章を参照）。

このような人種混淆の肯定に基づく人種観は、「一滴の掟」による人種観とは異なる問題を引き起こす。まず、アメリカのように白人か黒人かという二分法はとらないものの、人種混淆が「白人化」を前提としているため、その中間にいる人々が肌の「白さ」の程度で序列化されることである。次に、混淆でない人々や特定の人種混淆の人々が周縁化されることである。例えば、メキシコ人のメスティーソは白人と先住民との混淆を原型としていて、黒人や先住民という混淆でない人々や、先住民と黒人との混淆は周縁化される。

3　二十世紀以降の欧米の議論

二十世紀に入ると、人種の差異を文化的側面から説明すべきだと主張され、エスニシティという言葉が使われるようになる（第1章を参照）。人種混淆も文化的側面から論じる動きが出てくるが、人種混淆を否定的に捉える見方は継続し、そこで使われた概念が「境界人（マージナル・マン）」である。この概念が登場した背景には、欧州では帝国主義政策で植民地が拡大したこと、アメリカでは第一次世界大戦の影響で北部産業の雇用が拡大したことなどをきっかけに、北部都市部でのアフリカ系の人口が急増して人種的緊張が高まったこと、南欧と東欧からの新移民が増加したことがある。[33]

境界人という概念では、人種や文化の境界は「当たり前」で「自然」なものと見なされ、したがって人種や文化の境界を超えて複数の人種や文化が混じり合った一つの人種や文化に根差していない境界人は、社会に適応できずに心理的・社会的問題を引き起こすとされた。[34] 例えば、アメリカの社会学者ロバート・パークは、一九二八年の論文「人の移動と境界人」で、典型的な境界人を白人と有色人種の間の「混血」とし、境界人は二つの世界に生きるがどちらの世界でも「よそ者」であり、「精神的不安定、自意識の強化、落ち着きのなさ、倦怠感」などの特徴をもつとしている。[35]

第二次世界大戦後、ユネスコが一九五〇年代から六〇年代にかけて出した戦前までの人種理論を否定した報告書で、人種混淆は身体的・精神的な悪影響があるとする見方も否定された。[36] しかし、欧米での人種混淆研究は九〇年代になるまであまり多くなかった。その背景には、まず、戦後の欧州ではナチスの人種政策の記憶から、人種という語が避けられる傾向にあったことがある。イギリスの国勢調査で人種ではなくエスニックグループという言葉が使われていることもそれを示しているし、ほかの欧州諸国の国勢調査でも同様である。[37] 二つめの背景として、アメリカでは「一滴の掟」の影響力が強かったことに加え、六七年の「ラビング対バージニア州裁判」で、異人種間結婚を禁止する州法は違憲とする連邦最高裁判決が出されるまで、反人種混淆法（anti-miscegenation law）が南部の州を中心に残っていたことがある。

一九九〇年代にまずはアメリカで人種混淆研究が出てくるようになるが、なぜこの時期だったのだろうか。

その理由の一つが「ラビング対バージニア州裁判」の判決以降に異人種間結婚が増加し[38]、その子どもたちが成人になる時期がちょうど九〇年代前後だったことである。九〇年代には、マルチレイシャルの人々の伝記や自伝が多数出版され、当事者らが国勢調査で複数の人種を選択可能にすることを求める運動を展開し[39]、本章の冒頭でも述べたように、二〇〇〇年の国勢調査で初めてそれが可能になった。そして、アフリカ系アメリカ人の父親とタイ出身の母親をもつゴルフのタイガー・ウッズ選手が、自分は白人、黒人、アメリカ先住民、アジア人の祖先をもつとして、Cablinasian (Caucasian, Black, American Indian, Asian) という造語を使ったことが話題になったのもこのころである[40]。

二つめの理由は、一九九〇年代に、人種やエスニシティ、それに関わる文化やアイデンティティは、もともと「ある」ものではなく、さまざまな歴史的・政治的・社会的な要因によって「作られてきた」とする構築主義的な考え方が学術的に広く受け入れられるようになったことである。構築主義とは、例えば、第1章と第2章でみてきたように、黄色人種はもともと存在していたのではなく、欧米の歴史的・社会的文脈で作られた人種概念と人種理論が「知」として世界的に広まるなかで、多様なアジアの人々が一つの集団として認識されるようになり、黄色人種が存在するようになったとするような考え方のことである。人種混淆が問題になるのは、人種やエスニシティが「ある」もの、そして「純粋な」ものだという前提があるからである。しかし、それが「作られた」結果であるとすれば、それぞれの人種やエスニックグループがそもそも混淆していることになる。

三つめにグローバル化である。一九九〇年代に入ってグローバル化の特徴の一つとして異種混淆性（ハイブリッド性）が注目されるようになることで、人種混淆は日常的で肯定的なものとして受け止められるようになっていった。[41]グローバル化で国境を超えた人々の移動が激しくなり、異なる文化背景や異なる人種やエスニックグループの人々の間の出会いが増加し、ハイブリッドで動的なアイデンティティや文化を肯定する見方が世界的にも高まっていったのである。それに伴い、二〇〇〇年代以降はアメリカ以外の人種混淆研究も増加していく。

4　戦前日本の議論

日本で人種混淆研究が始まったのは一八八〇年代である。[42]明治政府の招きで七六年に来日し、東京医学校（現・東京大学医学部）で教えていたドイツ人医学者エルヴィン・フォン・ベルツが、日本人と欧米人の間に生まれた子どもの蒙古斑、皮膚の色、目の形などについての調査を実施したのが研究の始まりとされる。[43]八四年には「黄白雑婚」を主張した高橋義雄の『日本人種改良論』も出版され（第1章を参照）、八二年に「朝日新聞」で人種混淆についての記事が初登場するなど、[44]この時代に日本で人種混淆への社会的関心が存在していたことを示している。

日本で一般化した人種混淆やその結果生まれた人々を指す言葉で、最も初期のものは「あいのこ」や「雑種」だろう。[45] 英語の amalgamation や hybridization が借り物だったように、「あいのこ」も「雑種」も異なる動植物の混じり合いを指す言葉を人間に借用したものである。「あいのこ」には間の子、間の児、合の子、合種児など多様な表記があり、明治時代には「雑種」に「あい(ひ)のこ」というルビをふっている新聞記事もある。

「あいのこ」という言葉が「朝日新聞」に初登場した一八八二年十一月二日付の記事で、「神戸外人の居留者」が増加し、「ラシャメンの数は目下六十九人の多きに上り其間の児は三十四人」と報じているが、「間の児」という言葉には「あひのこ」というルビがふられている。[46]「ラシャメン」とは西洋人の「妾」になった日本人女性に対する蔑称であり、この記事ではこのような女性の数と西洋人との間の子どもの数を報じている。一八九四年四月二十日付の「朝日新聞」の記事では「国籍不分明の曲者」という見出しで、その人物を「日清両国人の合種児」と表現し、「合種児」には「あひのこ」というルビがふってある。[47] このほか、「雑種」という語も使われていて、「読売新聞」の一八九四年一月二十日付の記事では「雑種の少女脱走を謀る」という見出しの「雑種」の部分に「あひのこ」というルビがつけられている。[48]

民族という語が登場して定着していくのは、一八九〇年前後から一九一〇年にかけてだったが(第2章を参照)、同じ時期に人種混淆に対して「混血」という言葉が使われるようになる。「民族としての日本人」は「血統団体」(穂積八束)であり、その言語は「精神的血液」(上田万年)と表現されたように、「血」は民族という概念にとっての重要な要素だった。このように「日本人」が「血」の概念が強調される民族になることで、「日本人」とほかの民族との混淆が「混血」という言葉で表現されるようになるのである。

「混血」という言葉が新聞に初めて登場するのは、神戸の「混血児の公民権」に関する「読売新聞」一八九八年三月二十三日付の記事[49]で、そこでは「混血児」にやはり「あひのこ」とルビがふってある。しかし一九二〇年代になると「あいのこ」ではなく「こんけつじ」というルビも多くなっていく。[50]「混血」は「あいのこ」よりも中立的な語だと見なされていたというが、[51]「混血」という語が広まるきっかけが、〇三年に森鷗外がゴビノーの『人種不平等論』を批判的に紹介した講演録だったこと、[52]つまり学術的な言葉だったことがそれと関係しているのではないだろうか。

一九三〇年代になると、日本人研究者による「混血」研究が始まり、まずはアイヌと和人の間の子どもの身体、運動能力、知能の計測などが実施されるようになる。[53]日本がアジア各地を侵略し植民地を拡大していく四〇年前後には、「日本人」と中国人、朝鮮人、インドネシア人、インド人などとの「混血」研究が増えていく。その背景にはアジアでの植民地拡大で「混血」の可能性が増えることで、指導者であるべき「日本人」が「退化」し、ほかのアジアの人々との間の序列関係が揺らぐことへの危機意識があった。[54]白人との「混血」研究もおこなわれていたが、研究の中心は日本が植民地化したアジア諸国の人々との「混血」だった。[55]「内鮮結婚」「内台結婚」は許容され、「混血」に対してはさまざまな評価があったが、欧米の優生学で強い影響力があった「混血」は心身の「不調和」をもたらすという説に依拠し、「混血」を否定的に捉える傾向が強かった。[56]

5　戦後日本の議論

しかし一九四五年八月の敗戦後、「混血」研究の主な対象は白人、黒人との「混血」になっていく。[57] その背景には以下のような日本社会の状況が影響している。敗戦した日本は植民地を手放し、アメリカを中心とするGHQの占領下に置かれた。ピーク時には四十万人を超えるアメリカ軍兵士が駐留したことで、数多くの「混血児」が誕生することになる。日本政府は接待業者を集めて特殊慰安施設協会（Recreation and Amusement Association）を発足させ、「日本人」女性を雇ってアメリカ兵の相手をさせる「性的慰安所」を設置した。加えて、アメリカ軍基地内で「日本人」女性がオフィスワークや家事労働などに従事し、基地周辺ではアメリカ兵を対象とする性産業が盛んになったこともあり、「日本人」女性とアメリカ人男性との接点が増えることで「混血児」が誕生していった。もちろんなかには婚姻関係に至る事例もあったが、この時期の「混血児」は強姦、売買春、「現地妻」による事例の三つに大別できるという。[58] そして、アジアからの移民を禁止するアメリカの移民法や人種的偏見の影響で、父親不在の母子家庭で育ったり、両親に育ててもらえず孤児になったりする「混血児」も多かった。[59]「日本人」女性との間に子どもをもうけたアメリカ人男性で、結婚して父親としての役割を果たしたのは一〇パーセント以下だったという。[60]

日本社会で「混血児」に関する報道が過熱するのは、一九五二年四月にGHQによる占領が終了してからである。GHQ占領下で、日本の民主化を掲げて公娼制度を廃止させるなどの諸政策を実施していたアメリカにとって、「混血児」の存在はアメリカ兵の「道徳的退廃」を表すものと見なされ、「混血児」報道は抑えられていた。[61]占領終結で自由な報道が可能になり、ちょうど占領初期に誕生した「混血児」が小学校に入学する年齢に達する時期と重なったことで「混血児」に対する社会的関心が高まり、その数は実際よりも非常に多く見積もられて二十万人に達するとまでいわれた。

しかし、一九五三年二月に厚生省（現・厚生労働省）が全国の都道府県を介して実施した実態調査によると、「混血児」数は三千四百九十人だった。[62]しかしこの数は実態を把握したものとはいえない。なぜなら、この調査の対象になったのは終戦以降に誕生した「混血児」のうち、「外国人」の父と「日本人」の母をもつ児童であり、さらに中国、台湾や朝鮮半島につながる父をもつ、もしくは皮膚、髪、目の色などの「見た目」が「日本人」に似ている児童は除外されたからである。[63]加えて、そもそもこの調査がおこなわれたのは、日本政府が「混血児」の「日本人」に与える優生学上の影響について強い関心をもっていたからだとされる。[64]この実態調査が実施される前の四八年、「優生上の見地から不良な子孫の出生を防止する」（第一条）ことを目的の一つに掲げた優生保護法が制定されている。

この調査で注目すべき点が二つある。

一つめに、戦前には「混血」研究対象の中心だった「アジア系混血児」が対象外とされたことである。これが示唆するのは、「混血」という概念が、戦前の民族に基づくものから、戦後は人種に基づくものにシフトしていることである。戦後、アジア内部の差異を強調し、「日本人」を頂点とするヒエラルキーを前提とする民族という語が「日本人」には使用されなくなっていったが（第2章を参照）、これと呼応するかのように、「民族が空洞化」した「日本人」にとっての「混血」も変化するのである。

二つめに、父親が「日本人」で母親が（非アジア系）「外国人」である「混血児」も対象外とされたことである。[65]父親が日本国籍者である場合にだけ、その子どもが日本国籍者になるという家父長的な国籍法（一九五〇年施行）で、例えば、白人男性と「日本人」女性の間の子どもは「混血児」とされても、白人女性と「日本人」男性の子どもは「日本人」とされた。つまり、父親が「日本人」であれば母親が誰であっても子どもは「日本人」となる。人種と民族にジェンダーが絡むことで「混血児」の判断基準に矛盾が生じていたのである。

戦後の「混血児」は、学術的には戦前と同じく身体的・精神的および社会的に「不調和」である存在とされ、[66]メディア上では黒人、性産業、母子家庭、孤児、貧困というイメージに結び付けられて否定的に語られることが多かった。[67]前述した一九五三年の厚生省の調査の結果、「混血児」三千四百九十人のうち三千四人が「白人系」、「黒人系」は四百人（残りは不明）であり、[68]数のうえでは「黒人系混血児」は一〇パーセント強にすぎなかったにもかかわらず、「混血児問題」として語られ、書籍、雑誌、映画などで取り上げられるのは主に「黒人系」だった。

「不調和」そして黒人というイメージが絡み合った「混血児」に対する戦後の日本社会での支配的な見方は、例えば、作家の野上彌生子が雑誌「婦人公論」一九五二年五月号に発表した以下の文章に垣間見ることができる。野上はアメリカ人の父親をもつ「混血児」はアメリカが引き取るのが望ましいとし、その理由について、「混血児」には「一見甚だしく違った黒人の児童が少なくない」ため、「これらの黒い子供たちが、日本の一般社会において引き起こす可能性のある摩擦や、反目、またそれらが児童自らに与える悪影響は戦慄なしに考えることはできません」[69]と書いている。ここにあるのは、「混血児」のうちのマイノリティだった「黒人系」を引き合いに出し、その存在が日本社会に悪影響を及ぼすため、アメリカに引き取ってもらって日本社会から排除するべきだという論理である。

日本政府の政策上、「混血児」は日本にいるべきでない存在として排除の対象とされただけでなく、「日本人」として同化される対象だった。[70]一九五三年の厚生省の「混血児」実態調査のあと、厚生省や文部省（現・文部科学省）を中心に議論された「混血児対策」では、「混血児」の海外養子縁組が推進されると同時に、日本国籍の「混血児」はほかの一般児童と同様に扱うという「無差別平等」の原則が適用され、子どもたちの異なる文化背景やアイデンティティなどは考慮されなかった。[71]アメリカには二四年の移民法による日本からの移民制限は残っていたが、五三年制定の難民救済法を使い、五六年までに二千五百人の「混血児」が「難民」としてアメリカへの渡航許可を得たという。[72]

6　一九六〇年代以降の日本の議論

「混血児」が成人年齢に近づいた一九六〇年代には、アメリカのファッション、ハリウッド映画、英語学習の流行という戦後日本社会の欧米化を背景に、「混血」モデルやタレント、俳優が芸能界で活躍しはじめ、「混血ブーム」が到来する。(73)「混血ブーム」の時代には、戦後の「混血児問題」の記憶も残っていて、このような「混血」芸能人について取り上げた雑誌記事では、華やかな一面だけでなく、アメリカ人の父親の顔は知らない、「黒ン坊」と言われて石をぶつけられていじめられた、というような生い立ちの複雑さや差別についても言及されていた。(74)

このような戦後の「混血児」イメージが変化していくのが、「ハーフ」という言葉が一般化していく一九七〇年代である。(75) 七〇年、「欧米系ハーフ」を中心とした（アメリカ、ドイツ、スペイン、イタリア、タイ）五人組の女性アイドルグループ・ゴールデンハーフ（写真2）のデビュー以降、「混血」にかわって「ハーフ」という語がメディアで使われるようになっていく。メディア上で「ハーフ」は、白人のような魅力的な身体、そして国際性や英語力という文化資本をもち、裕福な上・中流階級出身というイメージで語られ、このような「ハーフ」の支配的な意味を、映画研究者の高美哿は「ヘゲモニックなハーフ性(76)」と呼んでいる。このイメージには人種（「白人系」）と階級（中・上流階級）だけではなく、社会学者の下地ローレンス吉孝が主張するように、「ハーフ」の女

写真2　ゴールデンハーフの1970年デビュー曲「黄色いサクランボ」のレコードジャケット（東芝音楽工業）

性化というジェンダーという要素も関わっていた[77]。当時、豊かさやあこがれの象徴だった「3C」（カラーテレビ、クーラー、自家用車）と呼ばれた耐久消費財、化粧品などのCMに登場したのは、主に「白人系ハーフ」女性タレントであり、「ヘゲモニックなハーフ性」でこれらの商品を売ると同時に、「ハーフ」に対する支配的な意味（「白人系」、中・上流階級、女性）を強化した。

戦後の「混血」と同じく「ハーフ」も人種を軸とする言葉であることから、以下のようなことが起こる[78]。まず、人種概念では白人を頂点とするヒエラルキーが前提になっているため、「白人系ハーフ」は「ハーフ」を代表する存在とされ、「ヘゲモニックなハーフ性」のように肯定的なイメージで捉えられる。次に、「黒人系ハーフ」は「ハーフ」の二次的な存在と見なされ、黒人のステレオタイプに合致するスポーツや芸能などの分野では肯定的に捉えられるが、身体的魅力や中・上流階級出身という「ヘゲモニックなハーフ性」によって語られることは少ない。加えて、「アジア系ハーフ」は人種では同じアジア人とされるため、「ハーフ」と見なされないことも多く不可視化される。

「混血」という言葉が使われていたときは、メディア上でも語られていた差別や複雑な家庭事情などが、「ハーフ」という言葉が一般化するとあまり語られなくなる。[79]「混血」という語には戦前の「民族としての日本人」に結び付く「血」の概念がまだ文字としても残っていて、戦後の「混血」が民族から人種を軸とするものに変化しても、その意味の歴史性・政治性、つまり戦前の「民族としての日本人」の過去、戦後の「混血児問題」、GHQ占領期から続く在日アメリカ軍基地の存在に代表されるようなアメリカとの非対称的な関係などを感じとることができた。[80]しかし「ハーフ」という外来語ではそれが困難になり、「日本人」が「ハーフ」の歴史性・政治性を意識することなく、さらに、「白人系ハーフ」でも女性であることで、白人を頂点とする人種ヒエラルキーを強く意識することなく、「美しい」「あこがれの」身体として消費することを可能にした。

一九七〇年代の「ハーフ」という言葉の一般化は、日本人論の最盛期だった七〇年代から八〇年代に、「日本人」が主に西洋（特にアメリカ）を他者として、単なる文化集団として意味づけされたことと密接につながっている。[81]なぜなら、欧米で人種概念が確立することで人種混淆が問題化されてきたように、「日本人」の意味がその人種混淆の捉え方に影響を与えるからである。第２章で論じたように、「文化集団としての日本人」とは、戦前の「民族としての日本人」を支えた三位一体（「日本人」「日本語」「日本文化」）を引き継ぎながらも、「民族を空洞化」させた「名無しの単一民族」であり、戦前のアジアでの植民地支配や侵略戦争という「民族としての日本人」にまつわる過去を忘却した存在だった。このように「日本人」の意味が非歴史的かつ脱政治化されることで、その人種混淆である「ハーフ」の意味も非歴史的で脱政治的なものになっていく。

アジア合計	アメリカ	イギリス	ブラジル	ペルー	その他の国
90.3	6	...	...	...	3.7
86.2	3.6	...	...	...	10.3
76.8	4.1	...	...	...	19.1
69.6	3.3	...	...	...	27.1
62.6	1.3	...	...	...	36
90.4	1	0.4	2.8	0.7	4.8
90.8	0.7	0.3	1.3	0.5	6.3
91.2	0.5	0.3	1.1	0.4	6.5
90.4	0.6	0.3	1	0.5	7.3
89	0.6	0.2	1.1	0.5	8.7
89.6	0.6	0.2	0.8	0.4	8.4
89.3	0.5	0.2	0.9	0.4	8.6
89	0.6	0.2	0.8	0.3	9.2
88.7	0.6	0.2	0.9	0.4	9.1
88.5	0.7	0.2	1	0.4	9.2
89.1	0.7	0.2	1	0.3	8.7
88.1	1	0.2	1.1	0.4	9.2
87	1.1	0.3	1.3	0.5	10
86	1	0.3	1.2	0.5	11.1
84.8	1.2	0.2	1.4	0.5	12
82.6	1.3	0.3	1.5	0.5	13.7
81	1.3	0.3	1.9	0.6	14.9
80.1	1.7	0.4	1.5	0.6	15.8
78.1	1.6	0.4	2	0.7	17.3
76.2	1.8	0.4	2	0.7	18.9
74.2	1.9	0.3	2.1	0.7	20.8
68.1	2.6	0.6	2.7	1	25
69	2.3	0.5	2.5	0.9	24.7

表5 「国際結婚」割合推移

年	夫妻の一方が外国	夫日本・妻外国	内訳（%）			
	%	%	韓国・朝鮮	中　国	フィリピン	タ　イ
1965	0.4	0.1	79	11.3	…	…
1970	0.5	0.2	72.9	13.3	…	…
1980	0.9	0.6	56	20.8	…	…
1985	1.7	1.1	46.8	22.8	…	…
1990	3.5	2.8	44.6	18	…	…
1995	3.5	2.6	21.7	24.9	34.6	9.2
2000	4.5	3.5	21.9	34.9	26.5	7.5
2001	5	4	19.4	43.6	22.4	5.8
2002	4.7	3.7	19.1	38.5	27.3	5.5
2003	4.9	3.8	19.1	36.7	28	5.2
2004	5.5	4.3	18.5	38.6	27.2	5.3
2005	5.8	4.6	18.3	35.2	30.9	4.9
2006	6.1	4.9	16.8	33.7	33.8	4.7
2007	5.6	4.4	17.6	37.5	29	4.6
2008	5.1	4	15.9	42.5	25.4	4.7
2009	4.9	3.8	15.4	47.6	21.5	4.6
2010	4.3	3.3	16	44.5	22.8	4.8
2011	3.9	2.9	16.3	42.6	22.6	5.5
2012	3.5	2.6	17.5	41.7	20.5	6.3
2013	3.3	2.3	17.7	40.5	20.2	6.4
2014	3.3	2.3	16.1	40.1	20	6.4
2015	3.3	2.3	15.3	38.7	20.7	6.3
2016	3.4	2.4	13.7	37.2	22.7	6.5
2017	3.5	2.4	12.4	34.6	24.5	6.6
2018	3.7	2.6	11.8	33.4	24.4	6.6
2019	3.7	2.5	11.3	31.7	24.6	6.6
2020	2.9	1.8	14.1	25.9	21.2	6.9
2021	3.3	2	13.1	31.3	18.1	6.5

アジア合計	アメリカ	イギリス	ブラジル	ペルー	その他の国
41.6	51.5	…	…	…	6.8
46	45.7	…	…	…	8.3
64.1	21.7	…	…	…	14.1
65.4	19.7	…	…	…	14.9
61.2	19.5	…	…	…	19.3
53.1	18.8	3.1	2.3	1	21.8
44.9	18.7	3.1	3.5	1.6	28.2
43.9	18.3	3.4	3.1	1.7	29.5
42.2	18.8	4	2.9	1.7	30.4
40.5	18.7	4.1	3.2	1.5	31.9
41.8	17.4	3.9	3.1	1.4	32.3
39.9	18.5	4.1	3.1	1.5	32.7
42	16.9	4.4	3.4	1.3	31.8
40.8	17.5	4.4	4	1.5	31.7
40.3	17.5	4.4	3.9	1.6	32.2
40.3	19	4.8	3.8	1.2	31
41.7	18	4.3	3.7	1.4	31
41.5	19.9	4.2	4.3	1.5	28.6
43.6	17.9	4.4	4.2	1.4	28.4
42	19.2	4.1	4.7	1.8	28.2
42.7	17.7	3.8	5.4	1.9	28.4
40.8	18.3	3.8	5.6	1.9	29.7
41.1	16.7	3.9	5	1.5	31.8
41.4	16.1	3.3	4.9	2	32.3
41.1	15.6	3.5	5.1	1.3	33.4
42.6	14.1	3.3	4.7	1.6	33.6
38.7	16.5	3.3	4.1	1.4	36
40.8	15.7	3	3.2	1.4	35.9

（出典：「「国際結婚」割合推移」「e-Stat」〔https://www.e-stat.go.jp/stat-search/file-download?statInfId=000032235849&fileKind=1〕［2022年9月19日アクセス］）

年	妻日本・夫外国	内訳（%）			
	%	韓国・朝鮮	中　国	フィリピン	タ　イ
1965	0.3	36.5	5.1	…	…
1970	0.3	40.3	5.7	…	…
1980	0.4	57.4	6.7	…	…
1985	0.6	56.8	8.6	…	…
1990	0.8	48.6	12.6	…	…
1995	0.9	41	11.1	0.7	0.3
2000	1	31.6	11.1	1.4	0.8
2001	1	31.9	10.2	1.1	0.7
2002	1	30	10.3	1.3	0.6
2003	1.1	27.4	10.9	1.4	0.8
2004	1.2	26.7	12.8	1.4	0.9
2005	1.2	24.9	12.1	2.2	0.7
2006	1.2	26.8	12.4	2.2	0.6
2007	1.2	26.1	12	1.9	0.8
2008	1.1	25.5	12.2	2	0.6
2009	1.1	24.6	12.9	2	0.8
2010	1.1	26.9	12.4	1.9	0.5
2011	1	26.6	12.3	1.9	0.7
2012	1	28.2	12.7	2.2	0.5
2013	0.9	27.9	11.9	1.7	0.5
2014	1	27.7	12.7	1.9	0.4
2015	1	25.4	12.1	2.7	0.6
2016	1	25.7	12.5	2.4	0.5
2017	1.1	25.4	12.2	3.2	0.6
2018	1.2	24.2	12.5	4	0.4
2019	1.2	25.2	13.1	3.8	0.5
2020	1.2	25.3	10.1	3	0.3
2021	1.3	23.4	13.5	3.4	0.5

注1：フィリピン・タイ・イギリス・ブラジル・ペルーは1992年から調査。91年までは「その他の国」に含まれる
注2：「夫妻の一方が外国」「夫日本・妻外国」「妻日本・夫外国」のパーセントは全婚姻件数に対する値である

一九八五年、日本政府は国連の女性差別撤廃条約批准のために国籍法を改正する必要性に迫られ、それまで父親が日本国籍者の場合だけ、その子どもを日本国籍者としていた父系血統主義を変更して父母両系血統主義としたことで、日本国籍をもつ「ハーフ」の数が増加した。そしてグローバル化の影響が強まる九〇年代には、日本でも文化や人々の混淆が肯定的に評価されるようになり、「ハーフ」の人々が活躍する場もそれ以前と比べて飛躍的に拡大していく。

そして一九九〇年代には、夫婦のどちらか一方が外国籍である「国際結婚」の割合も増加した。八〇年代には一パーセント台だったが、九〇年代には三パーセントを超え、二〇〇〇年代になると五パーセントを超え、ピークは〇六年の六・一パーセントである（表5を参照）。表5をみてもわかるように、これまで日本の「国際結婚」の多くは、地理的に近く、歴史的・政治的・経済的にも密接な関わりがあるほかのアジア諸国の人々との間でおこなわれてきた。日本国籍の男性の場合、一九九五年から現在まで七〇パーセントから九〇パーセント程度、そして日本国籍の女性の場合、一九九〇年代には五〇パーセントから六〇パーセント、二〇〇〇年代以降は一貫して四〇パーセント程度がアジア系の人々との「国際結婚」である。しかし、「ヘゲモニックなハーフ性」の影響力は強く、「アジア系ハーフ」の不可視化は続いている。

日本社会で「ハーフ」の人々の存在感と肯定的な見方が増加する一方で、「日本人」が多様な「ハーフ」「ミックス」を周縁化する状況も依然として存在する。例えば、「白人系ハーフ」や「黒人系ハーフ」など可視化された「ハーフ」の人々に対しては、外国語が堪能だと決めつけたり、逆に日本語が母語なのに「日本語が上手」だと言ったり、「外人」と呼んだり、髪や肌の色の違いでいじめたりすることなどがある。(82)アイヌや在日コリアンなどの人々との不可視化された「ハーフ」の人々に対しては、その多様なアイデンティティのあり方を無視して、アイヌや在日コリアンとしてしまったり、逆に「日本人」としてしまったりする。(83)これらの行為は、「日本人」とは「日本人」「日本語」「日本文化」が三位一体になった人々であるという考え方に基づくもので、第5章、第6章、第7章で論じる差別、偏見、ステレオタイプ、アイデンティティという概念に密接に関わっている。

本章では、第1章と第2章でみてきた欧米そして日本の人種概念に基づき、その混淆がどのように捉えられてきたのかについて歴史的にたどってきた。人種主義は人種概念と不可分であり、人種概念が変化することで人種主義のあり方も変わっていく。次章では、欧米と日本の多様な人種主義について論じていく。

注

(1) 岡村兵衛「「混血」をめぐる言説――近代日本語辞書に現れるその同意語を中心に」「国際文化学」第二十六号、神戸大学国際文化学会、二〇一三年、四八ページ
(2) 関口知子『在日日系ブラジル人の子どもたち――異文化間に育つ子どものアイデンティティ形成』明石書店、二〇〇三年、九九ページ
(3) 岡村兵衛「「ハーフ」をめぐる言説――研究者や支援者の叙述を中心に」、川島浩平／竹沢泰子編

『人種神話を解体する3——「血」の政治学を越えて』所収、東京大学出版会、二〇一六年、四三—四四ページ

(4) Aspinall, Peter J. and Song, Miri, "Capturing "Mixed Race" in the Decennial UK Census: Are Current Approaches Sustainable in the Age of Globalization and Superdiversity?," in Rebecca C. King-O'Riain, Stephen Small, Minelle Mahtani, Miri Song and Paul Spickard eds., *Global Mixed Race*, New York University Press, 2014, p. 216.

(5) Ibid., p. 216.

(6) 前掲『歴史のなかの人種』三七—三八ページ

(7) Parker, David and Song, Miri, "Introduction: Rethinking 'Mixed Race'," in David Parker and Miri Song eds., *Rethinking 'Mixed Race'*, Pluto Press, 2001, pp. 3-4.

(8) Ifekwunigwe, Jayne O., "Introduction: Rethinking 'Mixed Race' Studies," in Jayne O. Ifekwunigwe ed., *'Mixed Race' Studies: A Reader*, Routledge, 2004, p. 8.

(9) 例えば、岩渕功一編著『〈ハーフ〉とは誰か——人種混淆・メディア表象・交渉実践』(青弓社、二〇一四年)、前掲『人種神話を解体する3』、前掲『「混血」と「日本人」』。

(10) Young, Robert, J. C., *Colonial Desire: Hybridity in Theory, Culture, and Race*, Routledge, 1995, p. 101. ロバート・ヤングは「人種混淆」に hybridity という英語をあてている。

(11) 例えば、MacMaster, *op. cit.*, p. 7.

(12) *Ibid.*, pp. 60-69.

(13) Smedley, Audrey, *Race in North America: Origin and Evolution of a Worldview*, Westview Press, 2007, ch. 11.

(14) 前掲『移民国家アメリカの歴史』六八―七〇ページ
(15) Zack, Naomi, *Race and Mixed Race*, Temple University Press, 1994, p. 80.
(16) *Ibid*., p. 82.
(17) 前掲『歴史のなかの人種』一一九ページ、Ifekwunigwe, op. cit., p. 10.
(18) Young, *op. cit*., p. 6.
(19) 前掲『歴史のなかの人種』一一七ページ
(20) Gobineau, *op. cit*., p. 209.
(21) Nott, Josiah Clark and Gliddon, George Robins, "Hybridity of Animals, Viewed in Connection with The Natural History of Mankind," in Ifekwunigwe ed., *op. cit*., pp. 42-43.
(22) 前掲『歴史のなかの人種』四〇ページ
(23) Thompson, Victor, "The Strange Career of Racial Science, Racial Categories, and African American Identity," in Henry Louis Gates Jr., Claude Steele, Lawrence D. Bobo, Michael Dawson, Gerald Jaynes, Lisa Crooms-Robinson and Linda Darling-Hammond eds., *The Oxford Handbook of African American Citizenship, 1865-present*, Oxford University Press, 2012, p. 146.
(24) Ibid., p. 146.
(25) 前掲『ブラジルの人種的不平等』二〇ページ、Wade, Peter, *Race and Ethnicity in Latin America*, (2nd ed.), Pluto Press, 2010, p. 31.
(26) Sue, Christina A., "Negotiating Identity Narratives among Mexico's Cosmic Race," in King-O'Riain, Small, Mahtani, Song and Spickard eds., *op. cit*., pp. 146-147.
(27) 前掲『ブラジルの人種的不平等』五八ページ

(28) 同書一九ページ
(29) 同書六二ページ、Wade, *op. cit.*, p. 52.
(30) 同書五五―五七ページ、Ibid., pp. 31-32.
(31) 同書五五―五七ページ
(32) Sue, op. cit., p. 147.
(33) Füredi, Frank, *The Silent War: Imperialism and The Changing Perception of Race*, Rutgers University Press, 1998, pp. 134-149.
(34) Füredi, Frank, "How Sociology Imagined 'Mixed Race'," in Parker and Song eds., *op. cit.*, pp. 27-35.
(35) Park, Robert E., "Human Migration and The Marginal Man," *American Journal of Sociology*, 33(6), 1928, p. 893. ロバート・パークは戦争、侵略、移民などによる人の移動、それに伴う異なる人種や文化の「混淆」は歴史的に常に起こってきたことであり、それが歴史を動かしてきたとして「混淆」そのものを否定的には捉えていない。しかし、人種の「混淆」には否定的である。
(36) Hiernaux and Banton, op. cit.
(37) 例えば、Morning, Ann, "Multiraciality and Census Classification in Global Perspective," in King-O'Riain, Small, Mahtani, Song and Spickard eds., *op. cit.*, p. 6.
(38) Spickard, Paul R., *Mixed Blood: Intermarriage and Ethnic Identity in Twentieth-century America*, University of Wisconsin Press, 1989, p. 280.
(39) Spickard, Paul, "The Subject is Mixed Race: The Boom in Biracial Biography," in Parker and Song eds., *op. cit.*, pp. 76-77.

(40) "Tiger Woods describes himself as 'Cablinasian'," *AP News*, Apr. 23, 1997.（https://apnews.com/article/458b7710858579281e0f1b73be0da618）［二〇二三年八月二日アクセス］
(41) Small, Stephen and King-O'Riain, Rebecca C., "Global Mixed Race: An Introduction," in King-O'Riain, Small, Mahtani, Song and Spickard eds., *op. cit.*, p. xi.
(42) 坂野徹「混血と適応能力――日本における人種研究 一九三〇―一九七〇年代」、竹沢泰子編『人種の表象と社会的リアリティ』所収、岩波書店、二〇〇九年、一八九ページ
(43) 同論文一八九ページ
(44) 堀口佐和子／井本由紀「ミックス・レースはどう語られてきたか――「ハーフ」にいたるまでの言説をたどって」、前掲『〈ハーフ〉とは誰か』所収、五六ページ
(45) 前掲「「混血」をめぐる言説」、前掲「「ハーフ」をめぐる言説」
(46)「神戸外人の居留者は」「朝日新聞」（大阪版）一八八二年十一月二日付
(47)「国籍不分明の曲者」「朝日新聞」（東京版）一八九四年四月二十日付
(48)「雑種の少女脱走を謀る」「読売新聞」一八九四年一月二十日付
(49) 前掲「「ハーフ」をめぐる言説」四三ページ、「兵庫県」「読売新聞」一八九八年三月二十三日付
(50) 例えば、「混血児収監さる 廿万円横領」「朝日新聞」（東京版）一九二二年八月十二日付夕刊。
(51) 前掲『在日日系ブラジル人の子どもたち』九九ページ
(52) 前掲「「混血」をめぐる言説」二八ページ
(53) 前掲「混血と適応能力」一八九―一九〇ページ
(54) 同論文一九二―一九三ページ
(55) 同論文二〇〇ページ

(56)同論文一九〇―一九三ページ
(57)同論文一九八―二〇四ページ
(58)上田誠二『「混血児」の戦後史』(青弓社ライブラリー)、青弓社、二〇一八年、三一ページ
(59)前掲『「混血」と「日本人」』七二ページ
(60)加納実紀代「「混血児」問題と単一民族神話の生成」、恵泉女学園大学平和文化研究所編『占領と性――政策・実態・表象』所収、インパクト出版会、二〇〇七年、二二一ページ
(61)同論文二一九ページ
(62)前掲『「混血」と「日本人」』八七ページ
(63)同書八二ページ
(64)前掲「「混血児」問題と単一民族神話の生成」二三八ページ
(65)前掲『「混血」と「日本人」』八三ページ
(66)前掲「混血と適応能力」二〇〇―二〇一ページ
(67)前掲「「混血児」問題と単一民族神話の生成」
(68)前掲『「混血」と「日本人」』八七ページ
(69)前掲「「混血児」問題と単一民族神話の生成」二三二ページで引用、野上彌生子「混血児を幸福な道へ――パール・バック女史へ」(「婦人公論」一九五二年五月号、中央公論社)三四ページ。
(70)前掲『「混血」と「日本人」』六一―一三三ページ
(71)同書六一―一三三ページ
(72)南川文里「ポスト占領期における日米間の移民とその管理――人の移動の1952年体制と在米日系人社会」、立命館大学国際関係学会編「立命館国際研究」第二十八巻第一号、立命館大学国際関係学

会、二〇一五年、一五〇ページ
(73)前掲『「混血」と「日本人」』一四六―一五七ページ
(74)同書一五一―一五七ページ
(75)前掲「「混血」をめぐる言説」四八ページ
(76)高美哿「戦後日本映画における〈混血児〉〈ハーフ〉表象の系譜」、前掲『〈ハーフ〉とは誰か』所収、八〇ページ
(77)前掲『「混血」と「日本人」』一五七―一六四ページ
(78)河合優子「日本における人種・民族概念と「日本人」「混血」「ハーフ」」、前掲『〈ハーフ〉とは誰か』所収、四三ページ
(79)前掲『「混血」と「日本人」』一五八ページ
(80)前掲「日本における人種・民族概念と「日本人」「混血」「ハーフ」」四三ページ
(81)同論文四三ページ
(82)前掲『「混血」と「日本人」』、下地ローレンス吉孝『「ハーフ」ってなんだろう?――あなたと考えたいイメージと現実』(中学生の質問箱)、平凡社、二〇二一年
(83)石原真衣『〈沈黙〉の自伝的民族誌――サイレント・アイヌの痛みと救済の物語』北海道大学出版会、二〇二〇年、第五章

第4章　多様な人種主義

人種主義は一つではなく、歴史や社会の文脈によって多様なあり方がある。人種主義は文字どおり人種に関する主義であり、人種をどのように捉えるかによって主義のあり方も変わる。第1章から第3章で欧米と日本の人種概念と人種混淆の捉え方の歴史的変遷についてみてきたが、これによって人種主義はどのように変化するのだろうか。

人種主義のあり方は多様であっても、そこに共通するのは一つめに人種概念、二つめに差異化と序列化という二つの論理である。(1) 人種、エスニシティ、民族という人種概念はいずれも、ある差異を不変なものとして本質化し、その差異に基づいて人間を異なる集団に分類する差異化を伴う。このプロセスは人種化と言い換えてもいいだろう。そして欧米や日本の人種や民族のように、概念そのものが分類した集団に優劣をつける序列化を目指したものもあれば、エスニシティのようにそれが明白ではない場合もある。しかし、どのような人種主義であっても、強調の程度は異なるが、差異化と序列化の両方の論理が組み合わされている。

日本文化論『菊と刀』（一九四六年）で有名なアメリカの人類学者ルース・ベネディクトは、人種主義という概念をその著書で使った最初の学者の一人でもある。[2]一九四二年出版の『人種と人種主義（Race and racism）』（邦題は『レイシズム』）で、ベネディクトは人種主義を「エスニックグループに劣っているものと優れているものがあるというドグマ[3]」と定義している。この書籍は第二次世界大戦中に出版されたものであり、当時に影響力があった生物的・科学的人種主義が想定されていて、序列化がより強調された定義になっている。

一方、フランス植民地だったチュニジアでユダヤ人の父とベルベル人の母の間に生まれた社会心理学者アルベール・メンミは、一九九四年に出版した『人種主義（Le racisme）』（邦題は『人種差別』）で、人種主義を「現実の、あるいは架空の差異に、一般的・決定的な価値づけをすることであり、この価値づけは、告発者が自分の攻撃を正当化するために、被害者を犠牲にして、自分の利益のために行うものである[4]」と定義している。そして、人種主義的行為の重要な要素として、第一に現実もしくは架空の差異の強調、第二にその差異に対する価値づけ、第三にその差異の本質化、第四に排除・差別・抑圧の正当化、を挙げている。[5]第一から第三の要素が差異化に関わり、差異化を強調する文化的人種主義を想定したような定義になっている。このようなベネディクトとメンミの定義の差異化と序列化の強調度の違いに、四〇年代から九〇年代の間の人種主義のあり方とその学術的理解の変化をみることができる。

そして人種主義は多様であるだけでなく多面的でもある。先に述べた生物的・科学的人種主義、文化的人種主義以外にも、〇〇的人種主義として、ほかにもさまざまな接頭語が人種主義につけら

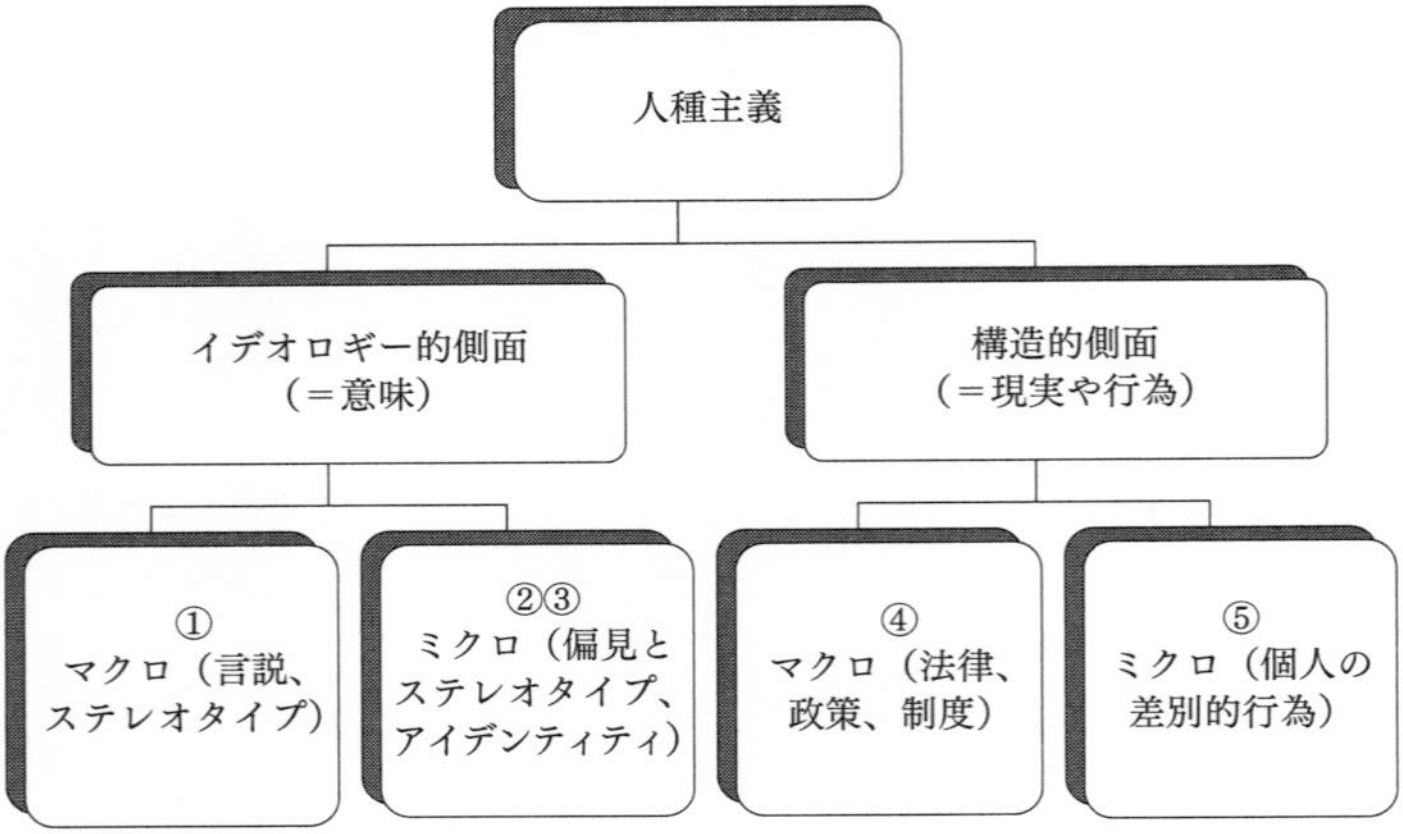

図3　人種主義とは
「人種主義」の部分はタニヤ・ゴラッシュ＝ボザの図では「人種と人種主義」となっているが、本書では人種主義を人種概念を含めたものとして捉えているため、人種主義としている
（出典：Golash-Boza, Tanya, "A Critical and Comprehensive Sociological Theory of Race and Racism," *Sociology of Race and Ethnicity*, 2(2), 2016, pp. 129-141 の p.131 の図をもとに筆者作成）

れてきたが、これらは同じ側面を説明したものもあれば異なる側面を説明したものもある。メンミの著書の原題は『人種主義』だが、邦題では『人種差別』となっているように、英語のレイシズムやフランス語のラシズムは、日本語では人種主義、人種差別、人種差別主義などと訳されることがある。これら人種主義の多様な側面を訳語のなかに含めようとする試みの表れであるともいえる。

　アメリカの社会学者タニヤ・ゴラッシュ＝ボザは、人種と人種主義に関する理論を図3のようにまとめたが、これは同時に人種主義の多面性と全体像を示したものにもなっている。まず、人種主義にはイデオロギー的側面と構造的側面がある。簡単にいえば、イデオロギー的側面とは人種に関わる意味、構造的側面とは社会的そして個人的な行為が作る現実に関わることである。次に、イデオロギー的側面は①言説、②偏見とステレオタイプ、③アイデンティティが関わる。ゴラッシュ＝ボザの図ではイデオロギー的側面はマクロ（社会レベル）とミクロ（個人レベル）に分けられていないが、①をマクロ的、②と③をミクロ的なものとすることができるだろう。ただし、ステレオタイプは心理学では個人の偏見と不可分なものとしてミクロ性が、メディア研究では社会的なものとしてマクロ性が強調されてきたため、マクロとミクロの両方に含めておく。そして、構造的側面には④法律、政策、制度などが関わるマクロ的なもの、⑤個人の差別的行為などが関わるミクロ的なものがある。

　さらに、ゴラッシュ＝ボザはイデオロギー的側面と構造的側面は相互依存関係にあると述べている（図4を参照）。言い換えると、人種に関する意味が社会的・個人的に実践されることで特定の現実が作られ、同時にそのような現実が

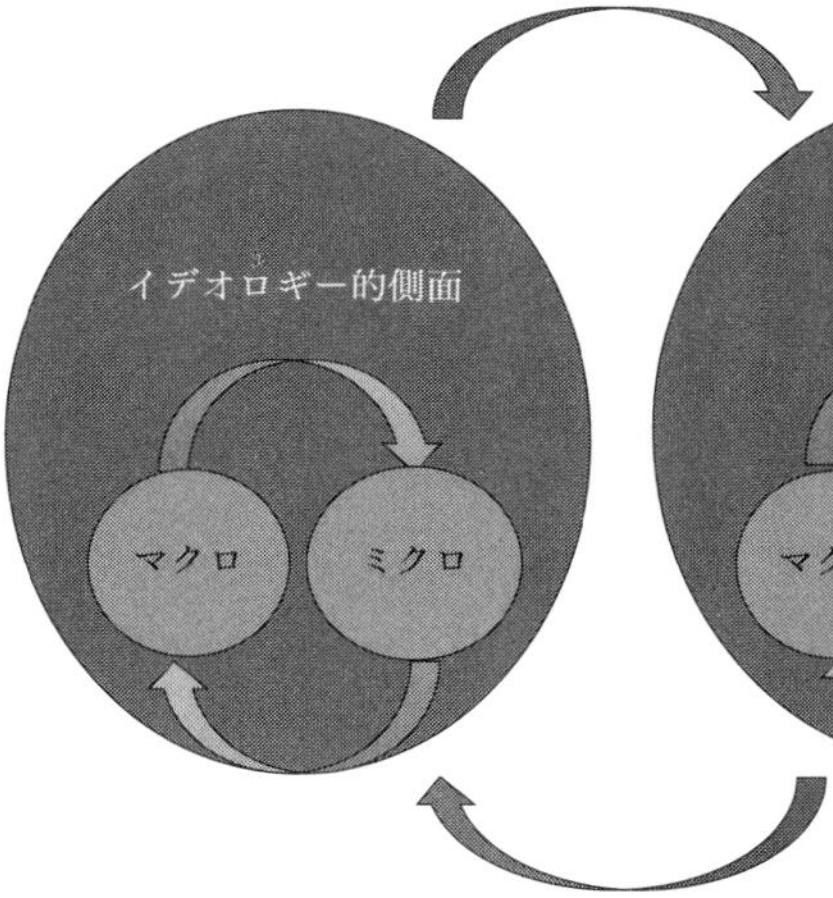

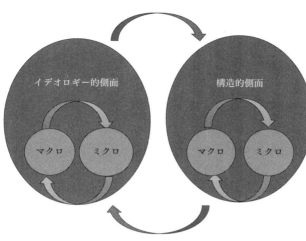

図4　人種主義の2つの側面の関係
（出典：Ibid., p. 138 の図をもとに筆者作成）

表6　欧米の人種概念と人種主義（筆者作成）

人種概念	欧米の人種主義	
	イデオロギー的側面（マクロ）	構造的側面（マクロ）
人種	生物的・科学的人種主義	明示的人種主義（体制）
エスニシティ	文化的人種主義	制度的人種主義
人種（不可視化）	人種なき人種主義 （文化的人種主義を含む）	

人種に関する意味を支える。つまり、①から⑤は独立したものではなく、互いに絡まり合って人種主義の全体を形作っているということである。人種概念と人種混淆について論じた第1章から第3章は主に①言説に関わるが、それを説明するために②から⑤の具体例も含めてきた。それは、人種に関する言説はメディア上のステレオタイプ、個人の偏見、アイデンティティに影響を与え、これらの意味に関わる実践が国の法律、制度、政策そして個人の行為などの現実を作り、さらにこれらの現実が意味的実践に影響を与えるというループを形成しているからである。

本章では、人種主義を主にマクロのイデオロギー的側面と構造的側面からみていく。この人種主義の二つの側面と人種概念の関係は表6のようにまとめることができる。前半では、欧米（主にイギリス・アメリカ）の文脈を中心に議論されてきた、イデオロギー的側面に関わる生物的・科学的人種主義（biological/scientific racism）、文化的人種主義（cultural racism）、人種なき人種主義（colorblind racism）、そして構造的側面に関わる明示的人種主義体制（overtly racist regime）と制度的人種主義（institutional racism）について、第1章と第3章の欧米の人種概念と人種混淆に関する内容を振り返りながら概観する。そして後半では、これらの人種主義を日本での具体例で考えていく。

1　生物的・科学的人種主義から文化的人種主義へ

第二次世界大戦前の欧米の人種主義は、序列化の論理を強調する生物的・科学的人種主義である。この人種主義は、人種という概念を軸とし、主に肌の色、目や鼻の形などの外的特徴、加えて、気質や文化などの内的特徴も含めて差異化そして序列化し、あらゆる学術分野を総動員してそれを科学的に正当化するというものだった。第1章で紹介した人種の記述では、白人、ヨーロッパ人、ノルディック人の特徴は肯定的に、有色人種、ユダヤ人、アルペン人の特徴は否定的に描かれていた。そして、これらの異なる人種の差異の優劣を人体測定学で「証明」し、社会進化論で優劣を当たり前とし、優生学で政策としてそれを促進した。つまり、人種は分類によって作られたものではなく、実際に存在するものであり、白人など「優れた」人種が「劣った」人種と混淆することは「退化」することだと見なした。第二次世界大戦後、ユネスコが一九五〇年代から六〇年代にかけて出した報告書で否定したのはこの生物的・科学的人種主義である。

生物的・科学的人種主義の構造的側面を捉えたのが、アメリカの歴史学者ジョージ・フレドリクソンが提唱した明示的人種主義体制である。(6) 二十世紀に顕著になったこの人種主義には、以下の五つの特徴があるという。第一に明示的に人種主義的な公式イデオロギーの存在、第二に異人種間結婚の禁止、第三に法による人種隔離、第四に人種的マイノリティの市民権行使からの排除、第五に人種的マイノリティの貧困化である。つまり、国家の法律や政策で明白に人種間の差異と優劣が規定され、異人種間の婚姻や異人種が互いに近くで生活するなど人種混淆につながりかねないものは、人種ヒエラルキーを揺るがすことにつながるため禁止される。そして、人種的マイノリティの人々から参政権やそのほかの社会的権利を取り上げ、条件がいい仕事から排除するなど経済的機会を奪うことで貧困に追いやる。

明示的人種主義体制の代表例が、一八九〇年代から一九五〇年代の人種隔離（ジム・クロウ）制度下のアメリカ南部、そして一〇年から八〇年代のアパルトヘイト体制下の南アフリカ、三三年から四五年のナチスドイツである。[7] しかし、明示的人種主義体制をとらない地域でも、生物的・科学的人種主義（第一の特徴）によって、異人種間結婚が避けられ（第二の特徴）、人種的マイノリティの市民権の行使が妨げられることで（第四の特徴）、貧困層が拡大し、貧困地域に集住する（第五と第三の特徴）というように、体制下の地域と似たような状況（＝構造）は存在していた。生物的・科学的人種主義というイデオロギー的側面の構造的側面を明示的人種主義と呼んでもいいのではないだろうか。

一九三〇年代に人種にかわってエスニシティという語の使用が提案され、戦後にそれが定着していくなかで、学術的には八〇年代に入るとエスニシティを軸とする文化的人種主義が問題化されてくる。エスニシティは文化を中心とする概念であり、同じく文化が重要な役割を果たすネイションという概念と重なる。文化的人種主義は、文化を本質化、つまり言語、宗教、習慣などの文化的特徴を生物的特徴であるかのように不変なものと見なし、ネイションやエスニックグループを差異化し序列化することである。文化的人種主義は、戦後も人種という語が継続して日常的に使われたアメリカではなく、ナチスの人種政策と結び付くものとして人種という語の使用を避けていた欧州でまず問題化された。そして移民排斥を訴える極右政党や右派ポピュリズム政党が欧州で存在感を増していくなかで、既存の政党の主張にも入り込みながら欧州全体に影響力を及ぼしていく。(8)

文化的人種主義をいち早く指摘したのは、イギリスの文化研究者マーティン・バーカーが旧植民地からの移民が急増した戦後のイギリスの人種主義について論じた著書『新しい人種主義』（一九八一年）である。バーカーによると、文化的人種主義の中心には以下のような考え方がある。(9)文化的に同質な一つの共同体であるネイションを形成するのは人間の本質であるとし、移民などの「外部者」が増加することは、ネイションとその文化を破壊するため、「外部者」を排除することは自然な行為だとする考え方である。(10)例を挙げると、イスラム教徒でバングラディシュ出身の人々のイギリスへの移民に反対する場合、有色人種であることではなく文化の異質性を理由として、例えばキリスト教、西洋の近代的価値観、そしてイギリスという固有の土地で歴史的に育まれてきたイギリス文化の同質性を脅かし、それとは相いれない存在であるからとして反対するのである。

文化的人種主義は生物的・科学的人種主義に比べて正当化されやすい。

その理由として、一つめに、文化的人種主義では差異化の論理が強調され、生物的・科学的人種主義では目立っていた序列化の論理がみえにくいことがある。生物的・科学的人種主義が依拠する人種という概念そのものが異人種間の優劣と結び付けられてきたが、文化を核とするエスニシティやネイションという概念では文化相対主義を前提としているため、差異を優劣に結び付けることが表面的には避けられているからである。しかし、現在、あからさまに文化の優劣は語られないかもしれないが、欧米の文化（言語、文学、音楽、ファッション、映画、学術的知識など）は、アジアやアフリカの文化よりも世界的に知られ、評価を受ける傾向は続いていて、欧米の文化を頂点とする「文化の序列」はいまでも存在している。

二つめの理由として、文化的人種主義が軸とするエスニシティやネイションという概念は、現在の国際社会が前提とする国民国家の軸であることだ。国民国家を支えるのは、国家＝ネイション＝エスニシティとすること、つまり一つの国家は文化的に同質的な人々のまとまり、つまりネイション（＝エスニシティ）で構成されるべきとする民族自決という考え方である。したがって、移住者などの「外部者」は自国で自文化の人々とともに生きるべきであり、移住先の国から排除されても当然であるということになってしまう。しかし「外部者」はすべて同じではない。例えば、欧州ではウクライナからの難民よりもシリアやアフガニスタンからのムスリム難民がいっそう問題化されるなど、「外部者」内も差異化され、序列化されるのである。前段落で述べた文化の序列化とこの「外部者」の序列化には、白人を頂点とする人種という概念が影響を与えていて、文化的人種主義にも人種という概念の影響が残っていることがみてとれる。[11]

2　制度的人種主義と人種なき人種主義

文化的人種主義は、戦後にナチスの人種主義政策への反省から生物的・科学的人種主義が否定され、人種という言葉が使われることが少なくなった欧州での人種主義のイデオロギー的側面を捉えたものだった。一方、戦後も人種という言葉が日常的に使われ、引き続き重要な役割を果たしてきたアメリカでは、一九五〇年代から六〇年代に展開された公民権運動によって南部の明示的人種主義体制が否定され、人種主義のあり方も変化していった。公民権運動後のアメリカ社会を背景に、構造的側面に注目したのが制度的人種主義であり、イデオロギー的側面に焦点を当てたのが人種なき人種主義である。

文化的人種主義はエスニシティという概念を軸に文化的差異を強調、人種なき人種主義は人種を不可視化、という違いはある（表6を参照）。しかし、どちらも生物的・科学的人種主義が否定され、人種平等が公的な規範になったあとの間接的でわかりにくくなった人種主義のイデオロギー的側面を捉えたものであり、制度的人種主義はこの二つの人種主義の構造的側面を捉えたものと位置づけることができる。[12]

制度的人種主義は、公民権運動時代のアフリカ系アメリカ人運動家のストークリー・カーマイケル（のちにクワメ・トゥルーと改名）と政治学者でもあったチャールズ・ハミルトンが、その著書『ブラック・パワー』（一九六七年）で命名したとされている。トゥルーとハミルトンは人種主義を侮蔑的な言動や暴力など個人的なものと、制度または構造（例えば政治、法律、労働、教育、文化など）が関わる社会的なものに分け、後者を制度的人種主義とした。[13] 制度的人種主義とは、明示的人種主義（体制）が否定されたあとも、それ以前から人種・エスニックマジョリティ中心に作られて機能してきた社会のあり方は継続し、そのような社会が「当たり前」と見なされ、マイノリティが不利益を被っていても問題視されにくいような人種主義のことである。[14]この著書では、具体例として、黒人の人々は不動産屋で貧困地域の物件しか紹介してもらえず、そこでは生鮮食料品が買えるスーパーや医療機関、教育・文化施設が不十分であり、学校では白人を中心としたカリキュラムで黒人が学ぶことなどを挙げている。

制度的人種主義をさらに発展させたのが、体系的人種主義(systemic racism)と構造的人種主義(structural racism)[15]である。前者は制度的人種主義が歴史的・社会的に蓄積されていく面に注目し、後者は、例えば黒人が貧困地域のアパートしか紹介してもらえないことで、子どもは教育資源や環境が整っていない学校に通うことになり、したがって進学も困難になって低賃金の仕事につくしかない、という制度的人種主義の連鎖に注目するなどの違いはある。しかし、日常的な社会のあり方そのものが人種主義的に機能していることを指摘している点では共通している。二〇二〇年に白人男性警察官に首を圧迫されて死亡した黒人男性ジョージ・フロイド氏の事件で日本でも広く知られるようになった「黒人の命も大事だ」(Black Lives Matter＝BLM)運動でもこの人種主義が注目された。

アメリカでは一九六四年の公民権法によって、公共施設の利用、投票、雇用、教育などで人種的マイノリティに対する不平等な取り扱いが禁止され、有色人種に対する明白な差別的行為は社会的非難を浴びるようになり、影を潜めていく。しかし、例えば、管理職には白人がより多く登用され、警察官は黒人をより頻繁に職務質問する傾向(レイシャル・プロファイリング)は現在でも続いている。これらは、黒人は管理職になれない、白人と同じレストランやトイレの使用禁止、などの明白な差別と比べて非難されにくい。さらに人種差別はよくないと思っている人が無意識におこなっていることもあり、自分が人種差別に加担しているという意識をもちにくい。だが、このような傾向は黒人に実質的な害を及ぼすのである。

制度的人種主義のイデオロギー的側面に焦点を当てているのが人種なき人種主義である。アメリカの社会学者エドワルド・ボニーヤ＝シルヴァは、この人種主義が登場してきたのは公民権法制定後の一九六〇年代後半と主張[16]していて、ちょうど制度的人種主義が問題化された時期と重なる。人種なき人種主義とは「人種なき」、つまり、人種平等という理念を現実と見なして「人種は関係ない」として人種をみえにくくし、それによって白人中心の社会を維持するような人種主義である。ボニーヤ＝シルヴァによると、人種なき人種主義には、抽象的自由主義、自然化、文化的人種主義、人種主義の軽視という四つの軸がある。[17]

一つめの抽象的自由主義では、人間はまずもって個人であり、個人は政治的権利として「機会の平等」をもち、自由に経済競争に参加できる存在と見なされる。[18]例えば、黒人か白人か、富裕層か貧困層か、というそれぞれの人々の社会的で歴史的な（つまり具体的な）背景を考慮せず、すべての人々が一人の自由な権利をもつ個人として抽象化される。このような自由主義は新自由主義と言い換えることができる。新自由主義は一九八〇年代のレーガン政権下で支配的な考え方になったものだが、人種なき人種主義は新自由主義の人種的側面を支えるイデオロギーとして強化されていった。[19]

二つめの自然化とは、人種主義が関わる現象や言動を、「そういうもの」として問題視せず自然なものと見なすことである[20]。例えば、黒人が集住する居住地域は、人種主義の影響ではなく黒人が好んで集まって住んでいると見なされる。

三つめの文化的人種主義は、すでに述べたように文化を本質化し、文化的特徴で人種グループを差異化そして序列化することである。

そして四つめの人種主義の軽視とは、人種主義は過去のもの、つまり生物的・科学的人種主義の時代や公民権運動以前のものであり、現在はそれが否定され、有色人種に大きな影響を及ぼすものではないと見なすことである。

南アフリカ出身でアメリカの大学で教えた人種主義研究者デイヴィッド・ゴールドバーグは、人種なき人種主義のように人種をみえにくくすることで維持される戦後の新たな人種主義は、アメリカだけではなく欧州、国家政策として多文化主義を掲げたカナダやオーストラリア、人種的民主主義というイデオロギーの影響が強いブラジルなどの人種主義にも共通していると述べている[21]。そしてこのような人種主義には、以下のような三つの否定的な効果があるという[22]。

一つめの効果は、人種主義の問題化が困難になることである。表向きには人種主義が否定され、さらに欧州では人種という語の使用の回避も加わることで、日常的に起こる人種主義の被害は人種主義ではなく別の問題とされ、人種主義の是正を重要な課題として社会的に取り組むことが難しくなる。二つめは、人種と人種主義の非歴史化である。制度的人種主義が示すように、人種は平等とする法律が制定されても、歴史的に作られてきた人種と人種主義的な社会の構造や傾向（例えば雇用、居住地、所得、教育などの格差）はすぐに消え去るものではない。しかし、人種と人種主義が非歴史化されることで、これらの社会的諸問題は人種主義が絡む歴史的なものであり、積極的差別是正措置（アファーマティブ・アクション）などによる実質的な変革の必要性がみえにくくなってしまう。三つめは、これら二つの効果の結果、人種主義の是正に具体的な政策で介入することが難しくなることである。

まとめると、人種なき人種主義とは以下のような人種主義である。まず、人種平等とはこれから実現する「人種は平等であるべき」という理念であるのに、人種主義に基づいて歴史的に作られてきた社会的制度や構造を根本的に変革せずに「人種は平等である」という現実と見なす。いまや人種主義は否定され、みな同じ機会を与えられているのに、異人種間に社会経済的な格差があるならば、それは人種主義の問題ではなく個人の問題、としてしまう考え方である。その結果、人種主義を解決するための政策を導入できなくなることで、既存の人種主義的な社会のあり方が維持される。つまり、人種なき人種主義とは、人種をみえにくくすることで人種主義が不可視化されるような人種主義である。

ここまで主にアメリカとイギリスの文脈に基づいて学術的に議論されてきた人種主義の変遷についてみてきた。ここからは日本の人種概念と人種混淆について述べた第2章と第3章を振り返りながら、これらの人種主義を日本の文脈で考えていく。

3　戦前日本の人種主義

戦前までの日本の人種主義のイデオロギー的側面は、基本的には生物的・科学的人種主義であり、民族概念が登場することでそれに文化的人種主義が混じっていく。生物的・科学的人種主義の例は、第2章で紹介した、福沢諭吉がブルーメンバッハの人種の五分類を紹介した文章、高橋義雄の「黄白雑婚」という主張、さらに、アイヌや沖縄、部落の人々を人体計測学の対象とし、その文化を「未開」と結び付けたことなどにみることができる。戦前、研究者は、アイヌや琉球の人々の人種的特徴を調べるため、盗掘もしくは盗掘と非難されてもおかしくない方法で墓地から遺骨を収集していた。アイヌの団体が二〇一二年に北海道大学、一九年に東京大学、沖縄の団体が一八年に京都大学を相手にそれぞれ遺骨返還訴訟を起こしたことが示すように、これは過去の問題ではなく、その清算が終わっていない現代の問題でもある[23]。

一九〇三年に大阪で開催された第五回内国勧業博覧会で起こった人類館事件も、生物的・科学的人種主義を象徴する例の一つである。この事件は、博覧会場周辺に設置された民間の展示館・学術人類館で、アイヌや琉球の人々が台湾の先住民などとともに「土人」として「展示」されたというものである[24]（写真3）。人類館開設趣意書では「北海道アイヌ、台湾の生蕃《せいばん》、琉球、朝鮮、支那、印度、爪哇《ジャワ》等の七種の土人」を展示する予定だったが、清国、朝鮮、琉球の人々からの抗議を受け、

写真3　人類館に「展示」された人々
(出典:「人物／人類館事件」「那覇市歴史博物館」〔http://www.rekishi-archive.city.naha.okinawa.jp/archives/item3/37195〕［2023年2月24日 アクセス］)

開館前後にこれらの人々の展示は取り消される。[25]この展示に大きな役割を果たしたのが坪井正五郎・東京帝国大学医学部教授であり、「学術」という名をつけていることからも、この展示館は単なる見世物ではなかったことがわかる。この展示では、科学的な見地からこれらの人々を生物的そして文化的に「異人種」として差異化し、さらに「土人」、つまり「未開」の「非文明的」な人々[26]として序列化していた。これが同時に、「日本人種」を「発展」した「近代的」で「文明的」な存在として浮かび上がらせたのである。

二十世紀に民族概念が確立していくなかで、生物的・科学的人種主義に文化的人種主義が混ざっていく。民族という概念の重要な要素は、天皇を「父」とする「日本人」の「血」のつながり、言語、文化であり、この三つの要素がすべてそろっていること、つまり「日本人」「日本語」「日本文化」の三位一体だった。この概念は、同じ人種に分類され、「見た目」があまり変わらない黄色人種内の差異化と序列化を目指したものであり、文化が重要な役割を果たすことになる。しかし、上田万年が日本語を「日本人の精神的血液」と表現したように、その文化的特徴は親から引き継がれる生物的特徴であるかのように本質化された。このような「血」の論理を使って、生物的にも「大和民族」はほかの黄色人種とは異なるとして差異化するとともに、これらの人々を支配する「指導民族」として序列化していったのである。

しかし、民族に基づく日本の文化的人種主義は同化も伴っていた。これは民族が文化を中心とする概念であること、そして差異化・序列化が黄色人種内でおこなわれたことが関係している。日本は日本語や日本文化の強制などの同化政策で、アイヌ、沖縄、台湾、朝鮮など「大和民族」ではないとされた人々の言語や文化を奪って「日本人化」しようとしてきた。しかし、これらの人々が「大和民族」と同等の「日本人」と見なされることはなく、戸籍制度や「血」の論理などを使いながら差異化しつづける「同化しながら差異化・序列化」という方法がとられていた。そしてこの同化は平等意識に基づくものではなく、これらの人々の言語や文化よりも「大和民族」の言語や文化が優れているから受容すべき、という序列化の論理がその背景にある。

一方、構造的側面では明示的人種主義体制は回避された。日本は一九一九年のパリ講和会議で、国際連盟規約に「人種或ハ国籍」の違いにかかわらず「均等公正ノ待遇」を与えるべきとする人種差別禁止規定を含める提案をしたように(27)（イギリス・アメリカなどの反対によって否決）、有色人種の国家として自らが欧米の人種主義では劣位に置かれるため、人種主義を否定しなくてはならなかった。したがって、欧米のアジア地域への侵略そして植民地化に対して「アジア解放」を大義名分に掲げ、欧米との差異を強調する必要があったのである。例えば、朝鮮半島や台湾の人々と「日本人」の婚姻の許容、「五族協和」（日本、蒙古、満洲、朝鮮、漢の五民族が仲良くやっていくこと）や「民族協和」が満洲国のイデオロギーとして使われたことなどにもそれが表れている（写真4）。

写真4　満洲国の「五族協和」をPRするチラシ。1933年から34年ごろのもの。右から順に日本、蒙古、満洲、朝鮮、漢のそれぞれの民族を表す
（出典：「満州のポスター・チラシ」「名古屋市博物館」〔http://www.museum.city.nagoya.jp/exhibition/owari_joyubi_news/mansyuu/〕［2022年9月20日アクセス］）

しかし、明示的人種主義体制はとらなくても明示的人種主義は存在していた。日本では一九〇〇年に義務教育が無償になる。義務教育年限が四年から六年に延長された〇七年には就学率が九七パーセント、沖縄でも〇〇年代、アイヌ児童も一〇年代には九〇パーセント以上に達していた[28]。しかし、北海道庁は一八年の第二次「旧土人児童教育規定」で、「日本人」児童には六年だった義務教育年限をアイヌ児童は四年とし、そして学習科目もアイヌ児童には地理、歴史、理科を削除し、授業時間数も削減するなど差別的に取り扱った[29]。

一方、植民地化した朝鮮半島では最後まで義務教育制が導入されず、教育を受けられるのは授業料を払える中産階級以上の家庭の子どもだけになり、植民地時代末期の一九四二

年でも男子の三人に一人、女子の三人に二人が不就学だったという。[30]そして、三一年当時、朝鮮人工場労働者の平均賃金は「日本人」の約六〇パーセントであり、[31]女学校を卒業したばかりの「日本人」教員の初任給が朝鮮人教頭よりも高いこともあった。[32]表向きは独立国だった満洲国では、「民族協和」はあくまでも「日本民族」を「指導民族」とするものであり、例えば、食料配給では「日本人」には白米、朝鮮人には白米とコーリャン半分ずつ、中国人にはコーリャンと分けられ、給料にも差がつけられていたという。[33]

4　戦後日本の人種主義――イデオロギー的側面

第二次世界大戦後、国際的には生物的・科学的人種主義、国内では「民族としての日本人」が否定される。「日本人」は、その意味では天皇制の役割を弱めるが、「日本人」「日本語」「日本文化」の三位一体は維持し、民族概念を不可視化させた「単一民族」になっていく。「(名無しの)単一民族神話」に基づいた戦後日本の人種主義のイデオロギー的側面は、文化的人種主義と人種なき人種主義の両方の特徴をもつ。日本の人種主義のイデオロギー的側面の理解にとって重要なのは、一つめに、人種と民族という二つの人種概念が絡み合うが、対象によってどちらかが前景化することである。二つめに、民族は黄色人種内での序列化を目指した概念であるため、文化的人種主義であっても序列化の論理が強調されることも多いことである。

以下、まず人種と民族のそれぞれが前景化した日本の文化的人種主義の具体例を挙げ、次に、人種なき人種主義との関連性について述べる。

人種が前景化した文化的人種主義の一例が、戦後直後の「混血児問題」である。厚生省の調査では「混血児」から「アジア系」が除外され、「白人系」と「黒人系」が対象とされたが、それは「アジア系」も「日本人」も同一の人種カテゴリーに入るからである。そして、「混血児」は日本社会にとって「不調和」な存在と見なされ、野上彌生子が「黒人系混血児」は「摩擦や、反目」を引き起こす可能性があると述べたように、特に「黒人系」はより注目され、メディアで否定的に描かれた。ここには、人種概念では最下位に位置づけられる黒人と「日本人」の間の子どもたちをより問題視するとともに、「血が混ざった」存在として「日本人」から排除し、その差異を強調するだけでなく否定的に捉えた文化的人種主義をみることができる。

そして、一九六〇年代から現在に至るまでの「ヘゲモニックなハーフ性」にみられるような「白人系混血・ハーフ」の可視化と肯定的な評価は、同時に「黒人系」や「アジア系」の不可視化と「白人系」と比べて相対的に否定的な評価を伴うものであり、これも人種が前景化した文化的人種主義だといえる。「ハーフ」を代表すると見なされる「白人系」は、「日本人」にとって「美しい」「あこがれ」の対象とされるが、一方で「黒人系」や「アジア系」は、「ハーフ」に含められていてもどこか二次的な存在であり、「美しい」「あこがれ」の対象とされることは少ない。ただし、そもそも「日本人」の親から日本で生まれた人々を「混血」「ハーフ」と差異化することは、「日本人」「日本語」「日本文化」の三位一体から逸脱すると見なすからであり、そこには人種だけではなく民族が関わっている。

一方、アイヌや沖縄の人々、在日コリアン、部落出身者などの人種的・民族的マイノリティに対する日本の文化的人種主義では民族概念が前景化する。ただし、これらの人々の歴史的背景は異なっていて、文化的人種主義のあり方も異なる。まず、「大和民族」がその土地を奪い支配下に入れたアイヌや沖縄の人々は、明治期以降の同化政策によって「日本語」と「日本文化」を受容させられたが、独自の言語と文化をもち、「血」の論理によっても「大和民族」の「日本人」とは異なる存在と見なされる。現在ではメディアが好意的にアイヌや沖縄の文化を取り上げることも多く、これらの人々やその文化に対して否定的なイメージをもつ人はそれほど多くはないのかもしれない。しかし、これらの文化は「日本文化」を構成するもの、日常的なものとしてではなく、博物館や観光地に存在する鑑賞や消費の対象と見なされることが多い。そのようなまなざしでは、アイヌや沖縄の文化は博物館に展示される過去の文化、もしくは旅先という非日常のなかで「大和民族」を楽しませて癒してくれる文化としかみられない。

エドワード・サイードがオリエンタリズムと名づけた、帝国主義と植民地主義を背景とする西洋の東洋に対する二項対立的な表象では、東洋は変化が少なく（停滞性や不変性）、したがって近代や文明ではなく自然に結び付けられ（非文明性）、西洋とは非常に異なり（奇矯性）、太古のヨーロッパの原型で、官能的であり受動的な存在として描かれる。[34]このように東洋を意味づけることによって、同時に西洋がそれとは反対の存在、つまり変化に富み、文明的で近代的・普遍的・能動的な存在になる。似たような関係がアイヌや沖縄の人々と「大和民族」の間にも存在してきた。

例えば沖縄には、青い海や空が広がり、あくせくせずに生きる陽気な人々がいて、そこに行けば懐かしさを感じる失われた日本の昔の風景があるというイメージが一般化している。[35] そこには「〈沖縄＝反近代・反文明〉という図式」[36] があり、これによって同時に〈日本＝近代・文明〉という図式ができあがる。さらに近年では、アメリカ軍基地が数多く存在する沖縄を国内で手軽にアメリカを感じられる場所、「エキゾチック・オキナワ」というイメージも強い。[37] このようなイメージは否定的なものではなく、人種主義とは関係ないのではと思う人もいるかもしれない。しかし、このように沖縄を表象することで、日本のアメリカ軍専用基地・施設の七〇パーセント以上が沖縄に集中し、土地が剝奪されて経済発展が阻害され、県内所得や失業率が長く全国最下位であるという側面がみえにくくなってしまう。[38] このような構造的不平等は制度的人種主義とつながっているが、これについてはあとで論じる。

このような沖縄の肯定的なイメージがあふれる一方、二〇一六年十月十八日に沖縄のアメリカ軍北部訓練場のヘリパッド建設に反対する市民に対し、大阪府警察の二十代の複数の機動隊員が「土人」「シナ人」と暴言を吐いた事件[39] が示すように、沖縄の人々を異なるだけでなく、「劣った」人々と見なす意識は継続している。

その土地が日本の一部になっているアイヌや沖縄の人々と比べて、在日コリアンは日本国籍をもっていてもいなくても、日本とのつながりがない、もしくは薄い人々と見なされ、その差異化の程度は非常に強くなる。日本で生まれ育った在日コリアンの人々にとっては「日本語」は第一言語で、朝鮮半島の文化よりも「日本文化」に慣れている人が大部分だろう。そして在日コリアンの文化は日本で数世代にもわたって生活するなかで培われたものであり、朝鮮半島の文化と同一ではなく、「日本文化」と混じり合ってもいるがしかし、「日本人」「日本語」「日本文化」のすべてで異なる存在とされる。

さらに、在日コリアンに対する文化的人種主義では、民族概念が目指した黄色人種内の序列化、日本の植民地支配の歴史などを背景に、文化的人種主義であっても序列化の論理が前景化する。例えば、二〇〇九年に起きた京都朝鮮学校襲撃事件、一五年に川崎でおこなわれたヘイトデモでは、朝鮮半島につながる人々に対して「朝鮮半島に帰れ」「日本からたたき出せ」と叫び、ゴキブリ、ウジ虫と呼ぶ犯罪行為がおこなわれた。(40) 朝鮮半島につながる人々を異なる存在として日本から排除するだけでなく、人間ではなく虫と同一視して「劣った」存在だとする序列化が明確に表現されている。

部落出身者は「日本人」「日本語」「日本文化」をそろえた存在だが、「普通の日本人」ではなく、「普通の日本文化」とは異なる文化を実践している人々と見なされる。従来、「部落民」とは身分、職業、地域という三要素が互いに絡み合い一体になったものだとする三位一体論が大きな影響力をもっていた。(41) 身分とはある属性が生まれながらに代々受け継がれるというもので、「血統」と言い換えてもいいだろう。つまり、部落出身者とは先祖が前近代の旧賤民身分で、特定の職業（例えば食肉や皮革業）に従事し、特定の地域に集住している人々ということになる。身分、職業、地域はいずれも文化的なものだが、これらの要素を「劣った」ものとし、さらに子孫に受け継がれる生物的で不変的なものであるかのように見なして序列化し差異化するのである。

部落出身者に対する差別は結婚の際に最も頻繁に起こるとされている[42]。結婚に反対する理由は、家族の一人が部落出身者と「血が混ざる」ことで、その子どもや家族全体が部落と関わりがある存在になり、差別される恐れがあるというものである。ここには文化的な要素が本質化され、部落出身者がまるで生物的に異なる人々であるかのような認識がある。

現在、部落外出身者との結婚の増加、部落内から部落外への転出、部落外の人々の部落内への転入、職業の多様化によって三要素がそろった部落出身者は減少していて、部落と部落外の境界線は非常に曖昧になってきている[43]。しかし、部落出身者を特定して排除しようとする動きは現在も続いている。例えば、部落の所在地、地名、戸数などを記載した「部落地名総覧」と総称される図書と同じようなものがインターネット上で出回り、二〇一六年にはアマゾンで販売しようとする人物が現れるが、抗議がなされて販売が中止されるという事件も発生した[44]。そして、部落と部落外の境界線が曖昧になっているので、このような情報を使った身元調査で誤って部落出身者と特定されることも多いが、調査は極秘でおこなわれるため、部落出身者として差別されていても本人にはわからないという[45]。したがって、誰もが部落出身者として差別される可能性があるとして、社会学者で部落問題研究者の野口道彦は「部落民とは、部落民と見なされ差別された人、あるいは差別される可能性を強くもっている人[46]」という定義を提案している。

このように人種主義は現在の日本社会でも深刻な問題だが、それが主要な社会問題として認識されることが少ないのはなぜだろうか。一つめの要因は、人種主義を人種と民族という二つの日本の人種概念のうち、人種だけが関わるものとすることである。これによって、人種主義は主に白人が有色人種に対しておこなうものとなって、日本社会にはあまり関係がないものになり、同じ黄色人種であるアイヌや沖縄の人々、在日コリアン、部落出身者などの人種的・民族的マイノリティに対するものは人種主義ではないというような認識が生じてしまう。二つめの要因は、「(名無しの) 単一民族神話」である。この神話によって、まず、日本にはほぼ「日本人」しかいないということになるため、人種主義の問題も発生しえないことになる。加えて、「日本人」の意味に民族概念が関わっているにもかかわらず、それが不可視化されることで、人種主義を実践する主体としての「日本人」は民族ではなくなり、民族というもう一つの人種概念が関わる人種主義もみえにくくなってしまうのである。

このような日本社会での人種主義の不可視化は、アメリカとの歴史的・社会的背景は異なるが、公民権運動後に問題化された人種なき人種主義の四つの軸(抽象的自由主義、自然化、文化的人種主義、人種主義の軽視)と三つの効果(人種主義の非問題化、人種と人種主義の非歴史化、人種主義への介入の困難化)のうち、抽象的自由主義以外はすべて適用可能である。日本では「人種なき」の部分は「(名無しの) 単一民族神話」に基づいて、「日本には日本人しかいない」となるが、アメリカでは有色人種の人口に占める割合が大きいため、「アメリカには白人しかいない」とすることはできない。そこで「人種は平等で人間はまずもって個人であり人種は関係ない」、という抽象的自由主義が使われる。言い換えると、「人種なき」とは、アメリカでは人種の不可視化を意味するが、日本では自らの脱民族化(「日本人は民族ではない」)と人種・民族の不在化(「日本には日本人しかいない」)を意味する。人種なき人種主義という人種をみえにくくすることで維持される人種主義はアメリカ以外でも存在する、というゴールドバーグの主張は日本についても当てはまる。

5　戦後日本の人種主義——構造的側面

文化的人種主義と人種なき人種主義の構造的側面を捉えた制度的人種主義とは、人種・エスニックマジョリティを中心とした社会の制度やあり方が当たり前になっていて、それによってマイノリティが不利益を被っていても、そうとは認識されないような人種主義だった。アメリカでは公民権法によって人種による差別的な取り扱いが禁止されたが、日本ではそのような人種差別禁止法が存在しない。二〇一六年に導入されたヘイトスピーチ解消法は、「差別的言動の解消」のための取り組みの必要性について述べているが、そのような言動を禁止し、罰則が規定されているわけでもない。アメリカでは公的に明示的人種主義（体制）を否定することで登場したのが制度的人種主義だが、そのような歴史的経緯がない日本の制度的人種主義は、明示的人種主義的な部分が色濃く残っている。

日本の制度的人種主義は、日本国籍ではない、そして三位一体の「日本人」ではないことで法的そして慣習的に差別的に取り扱われていても、それが国民国家という現在の国際社会の前提に基づくものであるために当たり前とされ、人種主義と認識されにくい行為にそれをみることができる。

一つめの例が、法律で規定される「国籍条項」、法律上そのような規定は存在しないが行政上ある行為が継続してきたこと（行政先例）を根拠とする「国籍要件」で、外国籍の人々の基本的人権のうち、特に社会権や参政権を制限することである。[47] 一九八〇年代半ばまで日本の外国籍人口の八〇パーセント以上を占めてきた在日コリアン[48]は、これによって深刻な被害を受けてきた。日本が独立を回復する五二年のサンフランシスコ講和条約発効と同時に、日本政府は植民地出身者の日本国籍を一方的に奪い、在日コリアンは「外国人」とされた。八一年に日本が国連の難民条約に加入し、国内法をそれに合わせて変更するまで、国籍条項によって国民健康保険、国民年金、児童手当など社会保障の対象から排除されていた。現在でも国籍要件で地方公務員や地方公立学校教員になることはできても昇進は閉ざされ、日本国籍者と同様の納税義務があるにもかかわらず地方参政権さえも認められていない。ここには外国籍と日本国籍の人を差異化するだけではなく、外国籍の人々の基本的人権は日本国籍者のそれよりも「劣る」とする序列化の論理がみえる。

教育を受ける権利も基本的人権（社会権）の一つだが、日本の法制度ではそれを人間の権利ではなく「国民」の権利としていることでさまざまな問題が引き起こされている。教育の権利と義務に関する日本国憲法第二十六条の主体は「すべての国民」であり、教育基本法第一条では教育の目的が「国民の育成」と定められ、教育内容は三位一体の「日本人」の育成が前提になっている。日本が批准している国際人権規約（社会権規約）第十三条や「子ども（児童）の権利に関する規約」第二十八条で子どもの教育の権利が「すべての者」に保障されているため、外国籍の子どもも「国民」と同様の扱いをすることになっているが、憲法や教育基本法の条文に明確に示されているようにあくまでも二次的な存在である。

このような法のあり方が、外国籍児童・生徒の不就学が放置され、日本語指導が十分におこなわれず、高校進学率が低くなり、その結果、非正規で低賃金労働に従事するしかなくなり、貧困化するという状況（構造）を生み出すことにつながっている。二〇一九年に文部科学省が初めて実施した「外国人の子供の就学状況等調査」で、約十二万人いる義務教育年齢の外国籍児童・生徒のうち、約二万人、約一六パーセントに不就学の可能性があることがわかった。(49) 日本の高校進学率は約九九パーセントに達するが、外国籍の子どもの場合は約六〇パーセント程度にとどまる。(50) そこには、学校教育は日本語が母語である「国民」（三位一体の「日本人」）を対象とすることが前提になっていて、「国語」教育はおこなわれても、日本語を母語としない子どもたちへの日本語教育は不十分という背景がある。高校卒業後の大学や専門学校などへの進学率は、全高校在籍者で七〇パーセントを超えるが、日本語指導が必要な生徒（四分の三が外国籍）では約四〇パーセントであり、高校卒業後に非正規職に就職する割合は全体では四パーセント程度なのに対し、日本語指導が必要な生徒ではその十倍の四〇パーセントに達する。(51) そして、教育内容についても、日本の植民地支配を背景に日本に永住することになった在日コリアン、日本からブラジルに出稼ぎに出た「日本人」の子孫である在日ブラジル人、アイヌや沖縄の人々などの視点を含めて社会科の科目が教えられることは非常に少ないのではないだろうか。

二つめの例は、外国籍であることを理由とした入居拒否である。法務省が二〇一七年に初めて実施した「外国人住民調査」によると、外国籍であることや「日本人」の保証人がいないことで住む家への入居を断られた外国籍の人が四〇パーセント近くもいる。(52) これを禁止する法律もなく、大家や不動産会社が「外国人」の入居を拒否することが当たり前になっている現状がよくわかる結果である。例えば、埼玉県川口市の芝園団地に中国人、愛知県豊田市の保見団地に在日ブラジル人が集住するのは、もちろん同郷のコミュニティを求めてという理由もあるだろうが、それ以前にこれらの団地がUR都市機構（かつての公団）の物件で、外国籍で「日本人」の保証人がいなくても入居可能だからという理由も大きいのではないか。つまり日常的に発生している「外国人」入居拒否が、集住という状況（構造）につながっているのである。

三つめの例は、沖縄にアメリカ軍基地・施設が集中していることである。一九七二年に沖縄の施政権が日本に返還された当時は約六〇パーセントだった在日アメリカ軍専用基地・施設が、二〇二〇年には七〇パーセント以上に増加している。[53] 内閣府が実施する「自衛隊・防衛問題に関する世論調査」で日米安全保障条約は「役立っている」と回答した人が二〇〇〇年の調査で初めて七〇パーセント、一二年には八〇パーセントを超え、最新の一八年実施の調査でも七七・五パーセントの人がそのように回答している。[54]「本土」の人々は沖縄に過剰な負担を強いることで安全を得ているということになる。しかし、アメリカ文化が混じり合う「エキゾチック・オキナワ」というイメージで、沖縄のアメリカ軍基地の存在を当たり前であるだけでなくポジティブなものとして捉えることで、このような構造的不平等が覆い隠されてしまっている。

沖縄の経済と軍事的「抑止力」の側面から、沖縄にアメリカ軍基地は必要だと思う人もいるかもしれない。しかし、沖縄県民総所得の基地関連収入は五パーセント程度であり、そして軍用地返還でその数倍、数十倍の経済活動が可能になるという試算が出ている。[55] 中国の軍事技術向上で沖縄は

表7　日本の人種概念と人種主義（筆者作成）

日本の人種概念	日本の人種主義	
	イデオロギー的側面（マクロ）	構造的側面（マクロ）
人種	生物的・科学的人種主義	明示的人種主義
民族	民族的人種主義（生物的・科学的人種主義＋文化的人種主義）	
「日本人」（＝名なしの単一民族）	単一民族的人種主義（文化的人種主義＋人種なき人種主義）	制度的人種主義＋明示的人種主義

弾道ミサイルの射程距離に完全に入り、軍事的「抑止力」という根拠も大きく揺らいでいるという[56]。そうなると、アメリカ軍基地が沖縄に集中しているのは「本土」の「日本人」がそれを押し付けているとしかいえないのではないだろうか[57]。

本章では人種概念と人種混淆について論じた第１章から第３章を振り返りながら、欧米の文脈で議論されてきたマクロのイデオロギー的側面と構造的側面、そしてそれを日本の文脈で捉え直してきた。ここまでの議論から、日本の人種概念と人種主義を表７のようにまとめることができる。まず、イデオロギー的側面では、エスニシティという概念に先駆けて文化を軸とする民族という概念を一般化させたことで、戦前は生物的・科学的人種主義と文化的人種主義が混じり合い、戦後は、国際的に生物的・科学的人種主義が否定され、国内では「(名無しの) 単一民族神話」が影響力をもつことで、文化的人種主義と人種なき人種主義が混じり合う。戦前の民族に基づく人種主義は民族的人種主義、戦後の「(名無しの) 単一民族」に基づく人種主義は単一民族的人種主義と呼べるだろう。次に、構造的側面では、戦前は明示的人種主義、戦後は制度的人種主義に変化していくが、「(名無しの) 単一民族神話」の強い影響力、そして人種主義は人種だけが関わる問題としてしまうことで、明示的人種主義に対する十分な批判がなされず、明示的人種主義的なものが残存していく。次章では、ミクロの構造的側面を含め、差別という観点から人種主義について考えていく。

注

(1)ミシェル・ヴィヴィオルカ『レイシズムの変貌――グローバル化がまねいた社会の人種化、文化の断片化』森千香子訳、明石書店、二〇〇七年、四七―五〇ページ

(2)Bonilla-Silva, Eduardo, "Rethinking Racism: Toward a Structural Interpretation," *American Sociological Review*, 62(3), 1997, p. 465.

(3)前掲『レイシズム』一一八ページ

(4)アルベール・メンミ『人種差別』菊地昌実/白井成雄訳(りぶらりあ選書)、法政大学出版局、一九九六年、一六一ページ

(5)同書一六二―一七二ページ

(6)ジョージ・M・フレドリクソン『人種主義の歴史』李孝徳訳、みすず書房、二〇〇九年、九七―一〇四ページ

(7)同書第三章

(8)MacMaster, *op. cit.*, Ch. 7.

(9)Barker, Martin, *The New Racism: Conservatives and the Ideology of the Tribe*, Junction Books, 1981.

バーカーは文化的人種主義ではなく新しい人種主義（new racism）という語を使っている。

（10）*Ibid.*, pp. 20-22.

（11）例えば、Jakes, Lara, "For Ukraine's Refugees, Europe Opens Doors That Were Shut to Others," *The New York Times*, Feb. 26, 2022.（https://www.nytimes.com/2022/02/26/us/politics/ukraine-europe-refugees.html）［二〇二二年四月二十九日アクセス］

（12）例えば、前掲『レイシズムの変貌』三九―四〇ページ。ミシェル・ヴィヴィオルカはフランスの例を挙げて制度的人種主義の説明をしている。

（13）Ture, Kwame and Hamilton, Charles V., *Black Power: The Politics of Liberation*, Knopf Doubleday Publishing Group,［1967］1992, p. 4.

（14）*Ibid.*, pp. 4-10.

（15）Golash-Boza, Tanya Maria, *Race and Racisms: A Critical Approach*, (2nd ed.), Oxford University Press, 2019, pp. 40-44.

（16）Bonilla-Silva, Eduardo, *Racism without Racists: Color-Blind Racism and the Persistence of Racial Inequality in America*, (5th ed.), Rowman & Littlefield, 2018, p. 3.

（17）*Ibid.*, pp. 54-58.

（18）*Ibid.*, p. 56.

（19）Omi and Winant, *op. cit.*, pp. 211-212.

（20）Bonilla-Silva, op. cit., pp. 56-58.

（21）Goldberg, David Theo, *The Racial State*, Blackwell, 2002, pp. 212-213.

（22）*Ibid.*, p. 217.

(23)清水裕二「アイヌ人骨帰還問題をめぐる「コタンの会」の報告」、木村朗／前田朗編『ヘイト・クライムと植民地主義——反差別と自己決定権のために』所収、三一書房、二〇一八年、一七八—一八六ページ、宮城隆尋「奪われた琉球人遺骨」、同書所収、二四九—二六〇ページ

(24)金城勇「学術人類館事件と沖縄——差別と同化の歴史」、演劇「人類館」上演を実現させたい会編著『人類館——封印された扉』所収、アットワークス、二〇〇五年、二七—六九ページ

(25)同論文三三—三四ページ

(26)例えば、川村湊「大衆オリエンタリズムとアジア認識」（大江志乃夫／浅田喬二／三谷太一郎／後藤乾一／小林英夫／高崎宗司／若林正丈／川村湊編集『文化のなかの植民地』〔「岩波講座 近代日本と植民地」第七巻〕所収、岩波書店、一九九三年、一〇七—一三六ページ）。

(27)外務省政務局「千九百十九年巴里講和会議ノ経過ニ関スル調書（其三）」外務省政務局、一九一九年、五三ページ（https://www.mofa.go.jp/mofaj/annai/honsho/shiryo/archives/pdfs/paris_04.pdf）［二〇二二年一月二十八日アクセス］

(28)金富子『継続する植民地主義とジェンダー——「国民」概念・女性の身体・記憶と責任』世織書房、二〇一一年、一五ページ

(29)小川正人「「北海道旧土人保護法」・「旧土人児童教育規程」下のアイヌ学校」「北海道大学教育学部紀要」第五十八号、北海道大学教育学部、一九九二年、二一九—二二一ページ

(30)前掲『継続する植民地主義とジェンダー』三五—三六ページ

(31)趙景達『植民地朝鮮と日本』（岩波新書）、岩波書店、二〇一三年、七九ページ

(32)同書一三二ページ

(33)山室信一『キメラ——満洲国の肖像 増補版』（中公新書）、中央公論新社、二〇〇四年、二七九—

二八〇ページ

(34) エドワード・W・サイード、板垣雄三／杉田英明監修『オリエンタリズム』上・下、今沢紀子訳(平凡社ライブラリー)、平凡社、一九九三年

(35) 田仲康博『風景の裂け目――沖縄、占領の今』せりか書房、二〇一〇年、一六四ページ

(36) 同書九〇ページ

(37) 同書二〇六ページ

(38) 同書二〇一―二〇三ページ

(39) 「社説 機動隊「土人」発言 県民を愚弄するものだ」「沖縄タイムス」二〇一六年十月二十日付(https://www.okinawatimes.co.jp/articles/-/67351)［二〇二二年二月三日アクセス］

(40) 韓雅之「ヘイトスピーチに関する裁判例」、金竜介／姜文江／在日コリアン弁護士協会編『在日コリアン弁護士から見た日本社会のヘイトスピーチ――差別の歴史からネット被害・大量懲戒請求まで』所収、明石書店、二〇一九年、一三四―一七八ページ

(41) 野口道彦『部落問題のパラダイム転換』(明石ライブラリー)、明石書店、二〇〇〇年、九八―一〇四ページ

(42) 齋藤直子『結婚差別の社会学』勁草書房、二〇一七年

(43) 前掲『部落問題のパラダイム転換』二五―三四ページ

(44) 角岡伸彦『ふしぎな部落問題』(ちくま新書)、筑摩書房、二〇一六年、五五―六九ページ

(45) 前掲『部落問題のパラダイム転換』一八―二〇ページ

(46) 同書一六ページ

(47) 田中宏『在日外国人 第三版――法の壁、心の溝』(岩波新書)、岩波書店、二〇一三年、第六章

（48）「表10―1 国籍別在留外国人人口：一九五〇～二〇二〇年」「国立社会保障・人口問題研究所」（https://www.ipss.go.jp/syoushika/tohkei/Popular/Popular2022.asp?chap=10）［二〇二二年九月十日アクセス］

（49）「外国人の子供の就学状況等調査結果について」「文部科学省」（https://www.mext.go.jp/content/20200326-mxt_kyousei01-000006114_02.pdf）［二〇二二年二月八日アクセス］

（50）「提言 外国人の子どもの教育を受ける権利と修学の保障――公立高校の「入口」から「出口」まで」「日本学術会議地域研究委員会多文化共生分科会」一〇ページ（https://www.scj.go.jp/ja/info/kohyo/pdf/kohyo-24-t289-4.pdf）［二〇二〇年二月八日アクセス］

（51）「「日本語指導が必要な児童生徒の受入状況等に関する調査（平成30年度）」の結果について」「文部科学省」一三ページ（https://www.mext.go.jp/content/20200110_mxt-kyousei01-1421569_00001_02.pdf）［二〇二二年二月八日アクセス］

（52）「外国人住民調査報告書 日本語版」「法務省」二二ページ（https://www.moj.go.jp/JINKEN/jinken04_00101.html）［二〇二二年二月一日アクセス］

（53）国吉美香／藤原慎一／棚橋咲月／吉本美奈子／後藤隆之／黒瀬昌明／甲斐規裕「沖縄の姿　数字は語る」「朝日新聞」二〇二二年一月九日付

（54）「図23 日米安全保障条約についての考え方（時系列）」「内閣府」（https://survey.gov-online.go.jp/h26/h26-bouei/zh/z23.html）［二〇二二年一月二十八日アクセス］、「図15 日米安全保障条約についての考え方」「内閣府」（https://survey.gov-online.go.jp/h29/h29-bouei/zh/z15.html）［二〇二二年一月二十八日アクセス］

（55）櫻澤誠『沖縄現代史――米国統治、本土復帰から「オール沖縄」まで』（中公新書）、中央公論新社、

二〇一五年、三二九―三三〇ページ

(56) 同書三三五―三三六ページ

(57) 高橋哲哉『日米安保と沖縄基地論争――〈犠牲のシステム〉を問う』朝日新聞出版、二〇二一年、二〇―二一ページ

第5章　差別

人種主義は人種差別と言い換えられることもあるように、差別と非常に密接な関係にある。差別は、「人間は生まれながらに自由で平等である」とする自然権思想と密接に関わるものである。自然権思想は近代欧米社会で議論が始まった。それが成文化された例として、アメリカ独立宣言（一七七六年）の「すべての人間は生まれながらにして平等であり、その創造主によって、生命、自由、および幸福の追求を含む不可侵の権利を与えられている[1]」という部分や、フランス人権宣言（一七八九年）第一条「人は、自由、かつ、権利において平等なものとして生まれ、生存する[2]」を挙げることができる。

しかし、アメリカでは独立宣言以降も奴隷制は存続し、奴隷制廃止後も明示的人種主義体制が継続、フランスも人権宣言以降にもアフリカやアジアで植民地を拡大した。そして女性参政権が実現したのもアメリカ全土で一九二〇年、フランスで四四年であり、自然権思想の広まりが早かったこれらの国々でも、人種・エスニシティ、ジェンダー、階級などに基づく不平等な扱いは続いた。しかし、十九世紀から二十世紀にかけて、自然権思想の影響力は欧米以外の地域にも広がり、奴隷貿易・奴隷制廃止運動、労働運動、女性運動、植民地独立運動、反人種差別運動などで、多くの人々がときには生命の危険を冒してでも声を上げていくことで、白人富裕層の男性以外の人々、日本やその植民地では「日本人」富裕層の男性以外の人々にも平等権があることを認めさせていったのである。

人種差別に関する意識が国際的に高まるのは第二次世界大戦後である。ユネスコが一九五〇年代から六〇年代にかけて出した人種に関する声明で、生物的・科学的人種主義を否定したことは第1章で述べた。この声明の背景には国際的な人権意識の向上があり、それは四五年の国連憲章、四八年の世界人権宣言に表れている。国連憲章の第一条第三項には、「人種、性、言語又は宗教による差別なくすべての者」の人権尊重の助長と奨励が目的の一つに掲げられている。一九年のパリ講和会議で国際連盟規約に対して日本が提案した人種差別禁止規定がアメリカやイギリスなどの反対で否決されたことが示すように（第4章を参照）、植民地や国内の人種問題を抱えた欧米諸国は国連憲章にこの人権条項を含めるのに消極的だった。しかし、それに積極的だったラテンアメリカ諸国、そしてアメリカ政府代表団の顧問として招待されていた人種、女性、宗教、教育関係のNGOの強いはたらきかけによって実現したのである。(3)

そして、国連憲章の人権条項を詳細にした世界人権宣言では、まず第一条で「すべての人間は、生れながらにして自由であり、かつ、尊厳と権利とについて平等である」と宣言し、これに続く第二条一項で「すべて人は、人種、皮膚の色、性、言語、宗教、政治上その他の意見、国民的若しくは社会的出身、財産、門地その他の地位又はこれに類するいかなる事由による差別をも受けることなく、この宣言に掲げるすべての権利と自由とを享有することができる」となっている。人種や皮膚の色がいちばん先にきていることからも、一九四八年当時、これらが差別問題のなかでも重要だと見なされていたことがわかる。

そして、一九六五年に国連の人権に関する条約のトップを切って人種差別撤廃条約が採択（発効は一九六九年）され、六六年には世界人権宣言を条約として具体化した、社会権規約と自由権規約の二つで構成される国際人権規約が採択（発効は一九七六年）された。八〇年代には南アフリカの反アパルトヘイト運動が、南ア国内だけではなく国際的に高まり、九〇年代には明示的人種主義体制としてのアパルトヘイトが終焉する。このような状況のなかで差別に対する社会的関心が高まり、九〇年代になると差別を鍵概念として使用した人種・エスニシティ研究が急増し、[4]二〇〇一年には国連の「人種主義、人種差別、外国人排斥および関連する不寛容に反対する世界会議」が南アフリカのダーバンで開催された。しかし日本は人種差別撤廃条約には九五年になるまで加入せず、国際人権規約の二つの規約は七九年に批准したが、人権を侵害された個人が国際人権規約委員会に通報できるとした第一議定書（自由権規約に付随）は現在も未批准であり、この条約の実効性が弱められている。

人種主義研究はアメリカを中心とした主に英語圏での蓄積が多く、日本の人種主義に関する研究は、二〇一〇年代に「ヘイトスピーチ」が社会問題化する前は非常に少なかった。しかし、それ以前に研究されていなかったわけではなく、人種主義に関する研究は差別研究のなかでおこなわれてきたといえる。例えば、差別研究の初期の著書である社会学者・三橋修の『差別論ノート』（一九七三年）では、日本社会の主要な差別問題として、一つめに部落出身者に対する差別、二つめに在日コリアンなどアジアの人々に対する差別、三つめにジェンダー、障碍、学歴などに基づく「民族、国籍、生まれなどについての観念とは無関係に成立する」差別の三つを挙げている。[5]部落出身者と在日コリアンが具体的に挙げられていることから、この時代に差別問題で重要視されていたのがこの二つのグループであることがみてとれる。日本では一九六〇年代の半ばまで、社会科学で差別は研究課題として取り上げられることが少なかったが、六〇年代後半以降、反公害運動、ベトナム反戦運動、大学闘争などの社会運動を背景に、権力やそれが関わる差別の問題に社会的関心が集まるようになり、差別に関する研究が蓄積されてきた。[6]

本章で扱う差別は、マクロとミクロの構造的側面、言い換えれば、イデオロギー的側面（言説、偏見、ステレオタイプなど）が行為として実践されることに関わるものである。まず、差別とは何なのかについて考え、次に、主に個人の差別的実践に焦点を当てた日常の人種主義（everyday racism）、人種的マイクロアグレッション（racial microaggressions）、人種主義の否認（the denial of racism）についてみていく。これら三つは主に個人の行為に注目した概念であり、マクロの構造的側面を捉えた制度的人種主義（第4章の表6を参照）をミクロの面から捉えたものと位置づけることができる。最後に、交差（インターセクショナリティ〔intersectionality〕）を取り上げ、人種・エスニシティに基づく差別は、ジェンダー、階級などほかの構造的カテゴリーが同時に関わることについて考える。

1　差別とは

ある行為が差別かどうかを考えるとき、「何を」「誰が誰に」「どのように」の三要件をみていく必要がある。アメリカの法学者デボラ・ヘルマンは差別の定義に「異なる扱い」と「ある特徴の有無を理由とする」という二点を含めている。[7] つまり、差別とはある特徴の有無を理由として異なる扱いをすることである。一つめの「異なる扱い」とは、「何を」に関する要件で、行為や言葉などで表現されたこと（＝「扱い」）が、ある人と別の人では違うことである。二つめの「ある特徴」とは、「誰が誰に」の「誰に」に関する要件であり、ヘルマンが「歴史的迫害や社会的周縁化」特徴（history of mistreatment or current social disadvantage）と呼ぶもので、ひどい扱いを受けてきた歴史があったり、現在、社会的に不利な立場に置かれていたりすることである。[8] 同じ行為であっても、この特徴を有するグループに向けられたものであれば差別になるが、そうでないグループに対するものは差別とはなりにくい。

「歴史的迫害や社会的周縁化」特徴の具体例が、本章の冒頭で引用した世界人権宣言の第二条一項「人種、皮膚の色、性、言語、宗教、政治上その他の意見、国民的若しくは社会的出身、財産、門地その他の地位」の部分である。この条項で明記されている特徴は、これらによって周縁化、抑圧、排除、迫害、虐殺された過去やそのような状況にある現在を踏まえてのことだろう。デンマークの政治哲学者カスパー・リパート＝ラスムスンは、「歴史的迫害や社会的周縁化」特徴をより抽象化し、「幅広い文脈での社会的相互行為に影響を与える重要な」特徴がある集団を「社会的に際立つグループ」(socially salient groups)[9]と呼んだ。この概念を使えば、世界人権宣言第二条一項のようにリスト化することで排除される特徴を含めることができ、多様な状況に柔軟に対応できるという利点をもつ[10]。この条項には障碍やセクシュアリティは明記されていないが、いま同じような宣言を作るとすれば明記すべきという意見が出てくるだろう。このように「社会的に際立つグループ」という概念は有効な部分もある。しかし、人種差別に関していえば、社会性に加えて歴史性を欠かすことはできないのではないだろうか。人種概念は歴史的に作られてきたことから、人種主義のイデオロギー的側面は歴史性と切り離すことができず、第4章の制度的人種主義の箇所で論じたように、構造的側面も実践の歴史的な蓄積が問題になるからである。

三つめの「どのように」の要件は、異なる扱い(「何を」の要件)がどのようなものであれば不当であり、したがって差別になるのかに関わる。この要件にあたるのがヘルマンが主張する「貶めること」(demeaning)[11]だろう。貶めることとは「他の人を価値において劣った者として扱うこと」[12]であり、さらに「表現行為と権力の結合」[13]である。つまり、貶めることとは、権力を背景に他者を劣位に置くことを行為や言葉で表すことである。したがって、「異なる扱い」が他者を劣った者として扱うものでない場合や、たとえ他者を劣った者として扱うようなものでも、権力関係での「強者」(「歴史的迫害や社会的周縁化」特徴をもたない)側の行為ではない場合には差別にならないことがある。したがって、貶めることは、「何を」の要件と「誰が誰に」の「誰が」という要件にも関わることになる。

加えて、どのような行為が貶めることにあたるのかは文化や社会の文脈によって異なる。[14] 例えば、ネルソン・マンデラが政治犯として十八年間収監されていた南アフリカのロベン島では黒人は短パンをはかなければならず、白人やそのほかの有色人種は長ズボンをはくことが許されたという。[15] 日本で育った人にはそれがなぜ黒人を貶める行為なのかがわかりにくいが、南アフリカでは短パンは子どもが身に着けるものという文化的理解があり、それを黒人だけに強要することは黒人を子ども扱いしているため、貶めていることになる。

「何を」「誰が誰に」「どのように」という三要件を、具体例で考えてみよう。例えば、日本国内で在日コリアンが運営する高齢者施設では「日本人」介護士よりも在日コリアン介護士を優先的に雇用し、「日本人」が運営する高齢者施設では「日本人」介護士を在日コリアン介護士よりも優先して雇用していたとする。三要件に基づいて考えると、前半のケースは差別とはいえないが後半のケースは差別になるだろう。

まず、どちらのケースも在日コリアンと「日本人」に対して異なる扱いをしていて、「何を」の要件では同じである。次に「誰が誰に」の要件である。前半のケースでは、在日コリアンが「日本人」に、後半のケースでは「日本人」が在日コリアンに対する行為が問題になっている。在日コリアンは「歴史的迫害や社会的周縁化」特徴を有し、この行為が権力を背景としたものとはいえないが、「日本人」は日本社会のマジョリティであり、権力を背景とした行為になる。最後に「どのように」の要件である。前半のケースで「日本人」を雇用しないことは貶めていることにならないが、後半のケースで在日コリアンを雇用しないことは貶めていることになる。なぜなら、行為者が「日本人」であること、そしてこの行為が在日コリアンの労働の権利を侵害し、在日コリアンの人権を「日本人」より劣ったものと扱うことになるからである。在日コリアンが運営する高齢者施設は非常に少なく、この施設に「日本人」が就職できなかったとしても、数的に圧倒的に多い「日本人」が運営する施設で優先的に雇用されるため、労働の権利を侵害するとはいえない。しかし、在日コリアンの場合は大部分の施設で不利な条件に置かれることになり、労働の機会が奪われることになる。加えて、第4章でも述べたように、日本では「日本人」が国籍を理由に在日コリアンを雇用や社会保障などから排除してきた歴史的な背景もある。

ある行為が差別かどうかの判別ではなく、差別が起こるプロセスをよく理解できるのが、社会学者・佐藤裕による差別の三者関係モデルである。佐藤は人権に基づく差別の捉え方を差異モデルとし、これに加えて関係モデルという別の捉え方を提唱する。[16]そして、この二つのモデルは「扱う問題が異なるということではなく、（略）別の切り口」だとしている。[17]差異モデルでの差別行為は異なる扱いであり、そのような「結果」が不平等で権利を侵害するから不当だとするものである。

一方、関係モデルでは差別行為は排除であり、排除を生み出す「原因」、つまり権力関係の非対称性を不当だとする。[18]そして、差別は差別者と被差別者の二者だけが関わるものではなく、差別者に同調する共犯者を含めた三者が関わるとし、三者関係モデルによる差別（排除）を「ある基準を持ち込むことによって、ある人々を同化するとともに、別のある人々を他者化し、見下す行為」[19]と定義している（図5を参照）。「同化」とは「同じ立場に立つことを要請するメッセージを送る」こ

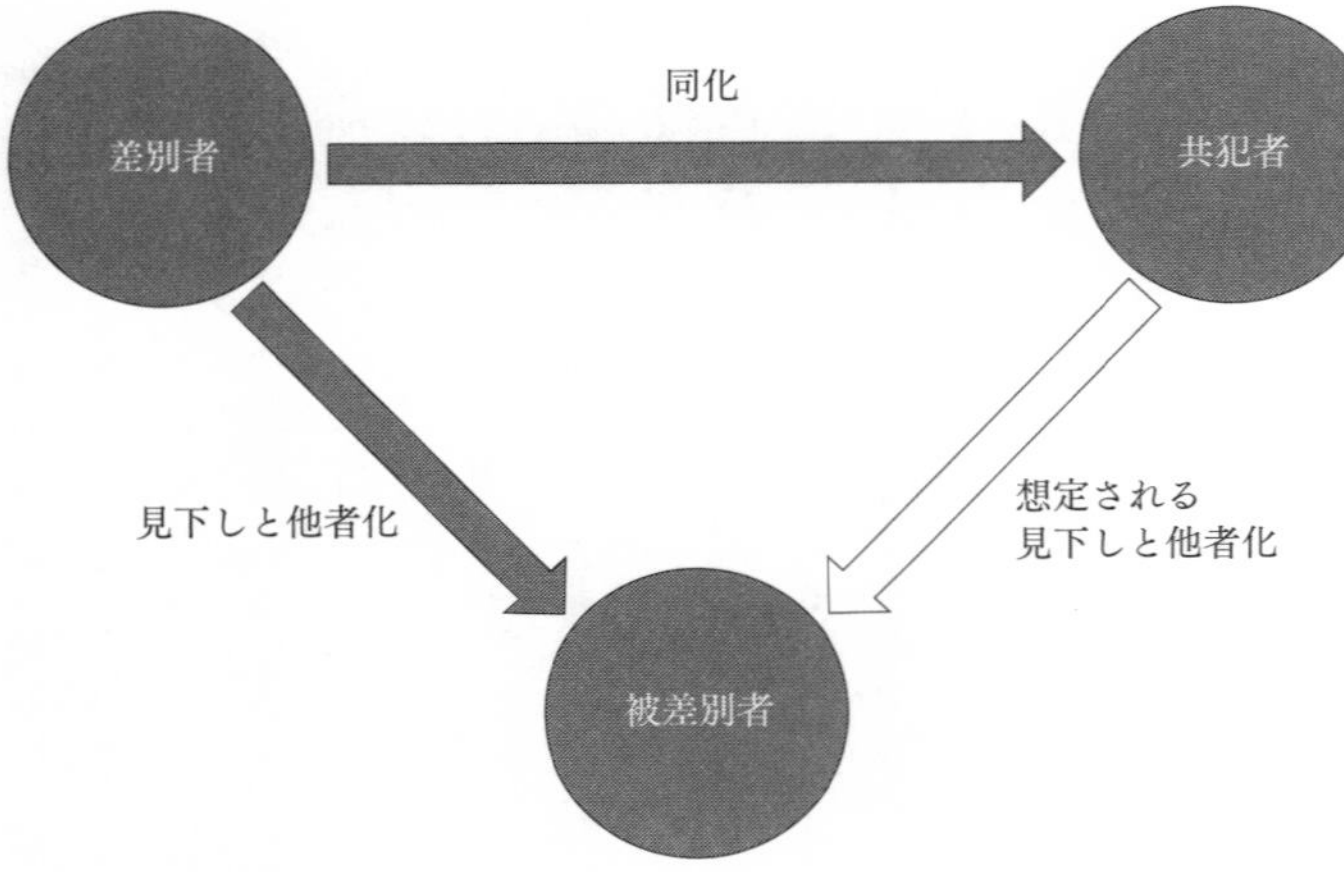

図5　差別の三者関係モデル
（出典：佐藤裕『新版 差別論――偏見理論批判』〔（明石ライブラリー）、明石書店、2018年〕73ページをもとに筆者作成）

とで「われわれ」を形成すること、「他者化」とは「非対称な差異を作り出すこと」で「われわれでない者」を形成することであり、「同化」と「他者化」は同時に起こる。[20] そして、その差異には「われわれ」の基準に基づいて「負の価値」がつけられるが、それが「見下し」である。[21]

この三者関係モデルを使うことで、差別をある時点での言動としてだけでなく、より動的に、そしてその歴史性を含め、差別をより立体的に捉えることができる。まず、「歴史的迫害と社会的周縁化」特徴は被差別者がもともともっているものではなく、差別行為が積み重ねられた結果だということである。三者関係モデルで差別とは「非対称な差異を作り出す」ことで「同化」と「他者化」をおこなうことだが、このような差異に負の価値づけがなされ、それが継続することで「歴史的迫害と社会的周縁化」特徴になっていく。次に、「誰が誰に」の要件について、差別者（「誰が」）と被差別者（「誰に」）は、「非対称的な差異」に基づき、「同化」そして「他者化」されることで生み出されること、つまりアイデンティティにも関わることが理解できる（第7章を参照）。例えば、「日本人」が朝鮮半島につながる人々を差別することが、同時に「日本人」や在日コリアンという集団を作り、そして在日コリアンが「歴史的迫害と社会的周縁化」特徴をもたされるようになるのである。

三者関係モデルを具体例で考えてみよう。中国出身の母親と「日本人」の父親をもつAさんは、「一番スタンダードな暴言」として「国に帰れ」という言葉を挙げ、学校でいじめられるときだけではなく、冗談としてもこの言葉をよく投げつけられてきた。Aさんは「みんなですごく面白がって笑う。どっと笑うので、笑われるとまた傷つくんですよね。冗談というのはもうわかっているんですけど、「国に帰れ」はほんとうに慣れない」[22]と語っていた。ここで、「国に帰れ」と言った発言者（差別者）は、母親が「外国人」の場合は「日本人」とは違うという基準で、Aさん（被差別者）を日本にいるのが当然ではない存在として見下して他者化している。しかし、Aさんに対する差別（＝排除）は、発言者だけではなくそれに同調して同化される人（共犯者）が必要である。笑うことで「日本にいるのが当然」の「われわれ日本人」というグループが形成され、中国出身の母親をもつAさんは「われわれではない者」として排除されるのである。もし周りの人たちが一斉に面白がって笑わないで「なぜそんなことを言うのか」と発言者を批判すれば、「われわれ日本人」は形成されないため、Aさんがそこから排除（＝差別）されることもない。「国に帰れ」は外国にルーツをもつ人々によく投げつけられる言葉であり、このような差別の実践が繰り返されることで、

「日本人」の両親をもたないという差異が「歴史的迫害や社会的周縁化」特徴になり、「日本人」と「日本人でない者」が形成されていく。つまり、構造が作られていくのである。

このような日常的な差別の実践は、人種主義のミクロの構造的側面に関わるものである。「国に帰れ」という言葉は法務省もヘイトスピーチの例[23]として挙げていて、差別であることがわかりやすい例である。しかし、このような直接的な言動だけではなく、間接的な言動、無自覚な言動が人々を傷つけることがある。そのような行為を説明しているのが日常の人種主義、人種的マイクロアグレッション、そして人種主義の否認である。日常の人種主義（everyday racism）と人種主義の否認（the denial of racism）は、日常の人種差別、人種差別の否認と言い換えてもかまわないが、本書では英語のレイシズムが含まれる概念の名称は人種主義と統一し、具体的な行為を示すときには人種差別という言葉を用いる。

2　日常の人種主義、マイクロアグレッション、人種主義の否認

日常の人種主義は、南米スリナム出身でオランダで教育を受け、アメリカの大学で長く教えてきた人種主義研究者フィロメナ・エセッドが、オランダとアメリカの黒人女性の日常的な人種差別体験を比較した研究で提唱した[24]。日常の人種主義とは、人種に関する意味（人種に関する言説やステレオタイプなど）に基づく実践が日常的に繰り返されることで当たり前になり、それによって既存の

人種間の権力関係が維持されるプロセスである[25]。つまり、日常の人種主義には意味と実践の不可分性、反復される実践、人種間の権力関係維持、という三つの要素が関わる。日常の人種主義が焦点を当てているのは、すべての人種主義的実践ではなく、よくある「当たり前」な実践であり、その実践には対人コミュニケーションに加えて、政治家の発言やメディア表象なども含まれる[26]。

日常の人種主義は主に個人の差別的言動、つまりミクロの構造的側面に焦点を当てているが、エセッドは個人の言動と偏見のようなミクロのイデオロギー的側面は不可分であり、分けて考えることは有益ではないと主張している[27]。そしてメディア表象を実践に含めていることからも、マクロのイデオロギー的側面も視野に入れたものになっていて、ミクロとマクロのイデオロギー的そして構造的側面の相互依存関係（第4章の図4を参照）を示唆している。

具体的には、日常の人種主義は「周縁化」「問題化」「封じ込め」という三つのプロセスが相互に絡み合うプロセスである[28]。「周縁化」とは人種・エスニックマイノリティをマジョリティと同じく社会の正式な構成メンバーと扱わないこと、「問題化」とはマイノリティをマジョリティよりも劣る存在と見なすこと、「封じ込め」とはマイノリティの人種差別の経験を否定または深刻な問題として受け止めないことである。例えば、オランダの黒人女性は、白人のオランダ人から「あなたのオランダ語は完璧だ」「あなたのオランダ語は素晴らしい」などとオランダ語について日常的にコメントを受ける[29]。オランダで黒人は正確なオランダ語を話さないとして「問題化」されているため、オランダ人であるにもかかわらず、正式なオランダ人とは見なされずに「周縁化」される。同時にこのような称賛の言葉は問題にされにくく、異議申し立てが「封じ込め」られるのである。

「日本人」が「外国人」だと思う人々に対して日本語を褒めるという行為は、日本でもよく起こる。例えば、スリランカ出身の父親と「日本人」の母親をもつBさんは、父親が経営するレストランを手伝っているとき、客からしばしば「日本語おじょうずですね」と言われる。[30] 自分は日本人で日本語しか話せない、と客に説明することもあるが、店が忙しくなるとわざとアクセントをつけて「アア、アリガトウゴザイマス」と片言で話し、「外国人」として振る舞うこともある。昔はこの言葉がいやだったが、いまではそれを面白がるようになったという。[31] 日本国籍のBさんは日本で生まれ育っていて、日本語が上手なのは当然である。この言葉を言った人々には悪意はないだろう。しかし、外見が異なる人は「日本人」ではなく「外国人」で、「外国人」は日本語ができない存在だと思っている、つまり「問題化」しているからこそ、日本語ができるBさんを称賛し、それによってBさんを「日本人」ではないとして「周縁化」する。そして、Bさんはこの言葉に傷ついていても、褒め言葉であるために抗議もしにくく、「外国人」を演じるなどして面白がることで対処するようになり、その結果、異議申し立てが「封じ込め」られる。

日常の人種主義と同じく、日常生活でのありふれた差別的行為を問題化したのが人種的マイクロアグレッションである。マイクロアグレッションのマイクロ（micro）はミクロ（micro）と訳すこともでき、主に個人レベルの行為に着目した概念である。この語は公民権運動後のアメリカで人種主義のあり方が間接的でわかりにくくなるなかで、一九六〇年代にアメリカの精神科医チェスター・ピアスが、白人の黒人に対するリンチや殴打などの「大きな」行為と対比させて、黒人を見下す、よくある無意識におこなわれる白人の「小さな」行為を指して使い始めたとされている。[32] それ以降、二〇〇〇年代になるまであまり議論されなかったが、〇七年にアメリカの臨床心理学者デラルド・ウィン・スーらの論文「日常生活の中の人種的マイクロアグレッション」が発表されたあとに研究が増加し、一〇年代には一般的な使用も増えていった。[33]その後、マイクロアグレッションは人種だけではなくジェンダーや性的指向、宗教などに基づくものにもその定義を拡大させている。[34]

スーらによると、人種的マイクロアグレッションとは特定の人種・エスニックグループを敵視、軽蔑、軽視、侮辱するちょっとしたありふれた日常の言動や環境であり、意識的なものかどうかを問わない。[35]より簡潔には、人種を理由とした「日常的な何気ないやりとりの一瞬で受ける中傷的メッセージ」[36]である。そのようなメッセージは言語、かすかな顔の表情や口調などの非言語、そして環境に埋め込まれたもので伝えられる。[37]環境に埋め込まれたものの例として、メディア表象やマイノリティ文化の排除を挙げ、[38]これをマクロレベルのものと見なしている。[39]日常の人種主義と同じく、人種的マイクロアグレッションも主にミクロの構造的側面に焦点を当てた理論だが、メディア表象などマクロのイデオロギー的側面についても含めていて、ここでも人種主義の二つの側面が不可分であることが示唆されている。

人種的マイクロアグレッションには、「攻撃（マイクロアサルト〔microassault〕）」「侮辱（マイクロインサルト〔microinsult〕）」「価値否定（マイクロインバリデーション〔microinvalidation〕）」の三種類がある。[40]「攻撃」は意識的な行為であることが多いが、「侮辱」と「価値否定」は無意識におこなわれることが多い。「攻撃」とは、直接的で露骨な方法で人種・エスニックグループを傷つけるような言動である。具体例としては、アメリカで白人至上主義団体クー・クラックス・クラン（ＫＫ

K）の頭巾や黒人リンチの象徴である首つり縄を飾ること、「ニガー」や「ジャップ」などの人種的蔑称を使うことなどがある。[41]

「侮辱」とは、人種・エスニックマイノリティの文化やアイデンティティを貶めるようなコミュニケーションである。[42] 例えば、アメリカのアフリカ系やラテン系の男性は犯罪者というステレオタイプに基づき、彼らと歩道ですれちがう人が盗まれると思って財布やカバンを確認する動作などがそれにあたる。

「価値否定」とは、人種・エスニックマイノリティの感じたことや経験を排除、否定、価値を認めないようなコミュニケーションである。[43] 例として、アメリカのアジア系の人々はアメリカ人ではなく「外国人」とみられ、アメリカで生まれ育ったのに「英語が上手ですね」と言われる、ラテン系の人が白人の友人にレストランで受けた差別的な経験について話しても、「過剰反応」「ささいなこと」と言われ、深刻な問題として受け止めてもらえないことなどがある。

日本の例で考えてみよう。二〇一七年四月に韓国でおこなわれたサッカーのアジア・チャンピオンズリーグの川崎フロンターレと韓国・水原との試合で、川崎のサポーターが試合中に旭日旗（写真5）を掲げたとして、川崎はアジアサッカー協会から無観客試合や罰金などの処罰を受けた。[44] この事件のように韓国や中国とのスポーツ試合で旭日旗を掲げることは、「攻撃」にあたる。旭日旗は明治時代から戦前まで軍旗として使われていたもので（現在も自衛隊旗として使用）、韓国や中国にとっては自分たちを攻撃して支配した日本による植民地支配や侵略のシンボルだからである。

仮に川崎のサポーターが同じ行為を欧州や南米チームとの試合でおこなったとしても、問題になることは少ないだろう。前節で、ある行為が貶める行為にあたるのかどうかは、それがおこなわれる文化や社会の文脈が影響すると述べたが、どのシンボルが「攻撃」になるのかも文化や社会の文脈で異なるからだ。例えば、日本の中学校で首つり縄を木にかけることは、ある特定の人種・エスニックグループを「攻撃」する行為と見なされることはほとんどないだろう。しかし、アメリカの中学校で同じことをすれば黒人に対する「攻撃」になるのは、十九世紀後半から二十世紀前半に、白人による黒人リンチで首つり縄で黒人を木につるして殺す方法がよく使われたという歴史的背景があるからである。同様に、韓国と日本の間には日本による植民地化や侵略という歴史的背景があり、そこで主要な役割を果たした日本軍のシンボルが旭日旗である。それを日本のサポーターが日本と韓国のチームとの試合で掲げたから問題になったのである。

日本サッカー協会と川崎フロンターレは、旭日旗は差別的なものではないと主張し、当時の菅義偉官房長官も二〇一七年五月の記者会見で「旭日旗は自衛隊旗だけでなく、大漁旗や出産・節句の祝い旗などとして日本国内で広く使用されている」として差別的ではないとした[45]。外務省のウェブサイトには「旭日旗」のページがあり、そこには二一年五月十八日に当時の加藤勝信官房長官がおこなった記者会見を引用し、「我が国の基本的立場」として「旭日旗の意匠は日章旗同様、太陽をかたどっており、大漁旗や出産・節句の祝い旗等、日本国内で現在までも広く使用されているものであり、特定の政治的・差別的主張である等の指摘は当たらない[46]」と書いてある。そして「韓国を含め国際社会に向けて」この説明を続けていくという決意が表明してあり、特に韓国からの異議申し立てが念頭にあることがみてとれる。そのページには「伝統文化としての旭日旗」という二分程度の動画も十カ国語でアップロードされ、旭日旗が差別的ではないことを示すために、このデザインが日本で伝統的に使われてきたものであること、北マケドニア国旗（写真6）やアメリカのアリゾナ州旗に同じデザインが使われていることが主張されている。

日本政府の主張には問題がある。日本軍は明治時代以前から存在していたこの文化的シンボルを利用したにすぎず、デザインそのものが差別的なのではない。「日本人」が韓国の人々が関わる非軍事的なイベントや空間で、このデザインの旗を掲げる行為が差別的なのである。これも差別の三要件「誰が誰に」「何を」「どのように」を使って考えるとわかりやすい。「日本人」が韓国人に対し、旭日旗をスポーツイベントで掲げる行為は韓国の人々を貶める行為になる。しかし、例えば、

写真5　旭日旗
（出典：「我が国の基本的立場（2021年5月18日加藤官房長官記者会見午前（抜粋））」「外務省」〔https://www.mofa.go.jp/mofaj/files/000481575.pdf〕［2022年9月20日アクセス］）

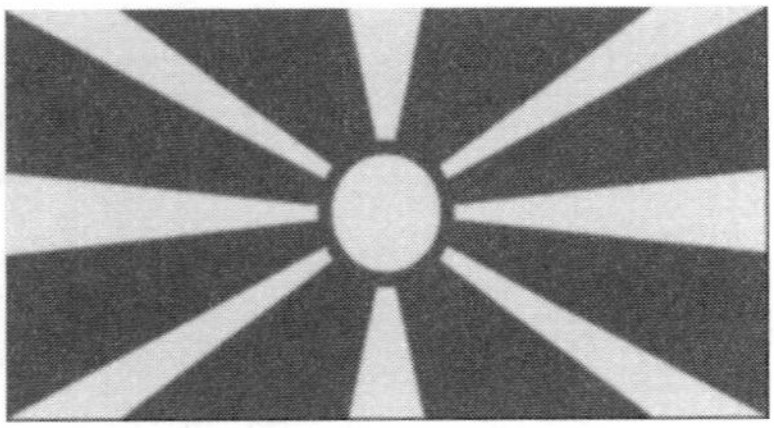

写真6　北マケドニア国旗
（出典：同ウェブサイト）

「日本人」がスペイン人に対し、旭日旗をスポーツイベントで掲げる行為はスペインの人たちを貶める行為にはなりにくい。

このような日本政府の対応は、韓国の異議申し立てを否定していて「価値否定」にあたるが、ここまでくるとマイクロではなくマクロアグレッションである。川崎サポーターが旭日旗を韓国との試合で掲げる行為がミクロの構造的側面だとすると、外務省による旭日旗のページはマクロの構造的側面に関わるものだといえる。これによって川崎サポーターのような行為が肯定されて、同じ行為をしようとする人が増える。このような構造的側面は日本政府と「日本人」の植民地支配や侵略に対する認識、つまりイデオロギー的側面が同時に関わっていることはいうまでもない。

日常の人種主義の「周縁化」「問題化」「封じ込め」は人種主義が実践されるプロセス、人種的マイクロアグレッションの「攻撃」「侮辱」「価値否定」は実践の種類を説明したものという違いはある。しかし、一つめに、日常のありふれた、非難されにくい、直接的そして間接的なコミュニケーションによる人種差別を取り上げていること、二つめに、被害者の経験を人種差別だと認めない、つまり人種主義の否認を概念に取り込んでいることに共通点がある。

マクロのイデオロギー的側面に焦点を当てた人種なき人種主義の特徴の一つが人種主義の軽視であり、否定的な効果の一つが人種主義の非問題化だった（第4章を参照）。それを主に言語行為という個人レベルの実践（ミクロの構造的側面）で捉えたのが、オランダの批判的談話分析を専門とするトゥーン・ファン・ダイクによる人種主義の否認[47]（the denial of racism）である。この理論も日常の人種主義やマイクロアグレッションと同じく、言語行為と既存の権力関係や構造、つまりミクロとマクロの構造的側面が相互依存関係にあり、さらに言語行為は社会的言説などのイデオロギー的側面と不可分であるという立場をとっている。[48] 人種主義の否認は「自集団を肯定的に呈示」する戦略[49]であり、行為者のアイデンティティと深く結び付いている。

ファン・ダイクは、欧州とアメリカの政治家の発言、新聞記事、インタビューなどを分析し、人種主義を否認する言語行為のストラテジーを大きく六つに分けている。[50] 最初の二つが「本来の否認」である。[51] 一つめは「否定」で、「そのようなことはしていない、言っていない」と行為を否定、「そんなつもりじゃなかった」と意図を否定することなどが含まれる。二つめは「過小評価」で、明らかに人種差別的な言動でも人種差別とは呼ばず、単なる差別、偏見、ステレオタイプ、先入観などと呼んで、行為の深刻さを和らげることである。[52]

残りの四つは否認に関連するストラテジーである。三つめは「正当化」で、行為そのものは否認しないが、それがネガティブな行為であることを認めないことである。例えば、外国人犯罪を強調して報道する新聞社が、読者の知る権利を保障するためと主張して、そのような報道姿勢を正当化することである。四つめは「言い訳」で、行為がネガティブなものであることは認めるが、それを特別の事情のせいにすることである。例えば、黒人の入店を拒否したことを人種差別と非難されたクラブの経営者が、店内に黒人客がいたことを持ち出して、自分は人種主義者ではないと言い訳するようなケースである。白人客は誰も拒否しないが、黒人客の場合は選別するような状況を想像するとわかりやすいだろう。五つめの「被害者非難」は「言い訳」の強いバージョンで、行為は認めたうえで、責任を事情ではなく被害者のせいにすることである。例として、人種・エスニックマイノリティの失業や貧困率の高さはマイノリティ自身の責任だ、と政治家が述べることなどが挙げられる。六つめの「反転」が最も強い否認で、行為をした側が被害者を「やつらが真のレイシスト」として差別者と被差別者の立場を逆にすることである。

人種主義の否認を、旭日旗をめぐる日本政府の対応を例に考えると以下のようになる。韓国の異議申し立てに対し、旭日旗は差別的ではないと官房長官や外務省のウェブサイトで公式に表明することは「正当化」にあたる。このデザインは伝統的な日本文化の一部であり、海外でも使われているとして、旭日旗を掲げる行為は非難されるべきものではないと主張しているからである。これに対してさらに韓国側が異議申し立てをすると、今度は「韓国が日本を差別している」となって、差別者と被差別者が「反転」する。その具体例が、東京オリンピックで旭日旗が応援に使われることに反対する韓国の大学教授について報じた二〇二一年七月十七日付「東京スポーツ新聞」の記事である。見出しは「韓国の反日教授が〝旭日旗狩り〟宣言」で、電子版の写真説明には「韓国からたも〝日本叩き〟が…」となっている。そして、記事本文では、「旭日旗は日本国内で広く使われており、政治的なものではない」と外務省ウェブサイトと同じ主張を繰り返したあと、この教授は「何かと旭日旗を反日の攻撃材料としてきた」[53]と書いてある。ここでは旭日旗をスポーツイベントで使う行為に異議申し立てをする韓国の教授が、反日で日本「叩き」の差別者で、「日本人」が被差別者となって立場が「反転」している。

3　交差（インターセクショナリティ）

旭日旗を掲げる行為は主に民族が関わる差別だが、人種・エスニシティ・民族が関わる差別に、同時にジェンダー、階級、セクシュアリティなど多様な構造的カテゴリーが関わることも多い。それを説明するのが交差（インターセクショナリティ）である。二〇二二年度版『現代用語の基礎知識2020』にこの語が初登場[54]したことが示すように、日本でも広まりつつある言葉である。この概念は、アメリカの黒人女性など、ある社会で差別され、抑圧されてきた人種・エスニックマイノリティ女性の日常的な経験に基づく問題意識、フェミニズム運動をはじめとする社会運動から出てきたものである。[55]

交差を説明するのによく言及されるのが、元奴隷であり反奴隷制そして女性運動活動家だった黒人女性ソジャーナ・トゥルースが、一八五一年にオハイオ州で開催された女性の権利拡張に関する会議でおこなったとされる演説である。トゥルースはこの演説で、男性は女性のことを助けが必要な存在であるというが、自分は男性奴隷と同じように畑労働をし、同じように奴隷主からムチで打たれてきたと主張し、「私は女ではないのか」と訴えたとされている。[56]女性は弱く、男性と同じことができないから、女性に平等な権利は認めないとする当時の考え方に対し、黒人奴隷女性は白人女性とは異なり、女性も奴隷として男性と同じような扱いを受けてきたのに、男性と同じ権利が認められないのはおかしいというわけである。この「私は女ではないのか」という言葉に、「人種」(黒人)、「階級」(奴隷)、「ジェンダー」(女性)が交差することで、女性といってもその経験は同じではないことが込められていると解釈されてきた。

「私は女ではないのか」という言葉は、女性参政権そして反奴隷制活動家でもあった白人女性の手によるものという歴史研究があり、トゥルース自身の言葉ではないのかもしれない[57]。たとえトゥルース自身によって語られていたとしても、白人ばかりの会議の聴衆は交差を意味するものとして受け止めることはなく[58]、そこに交差の意味を込めたのは現代の人々だったのかもしれない。しかし、この言葉を言説として、つまり、誰が言ったのかよりも、誰によってどのように使われ、どのような社会的影響を及ぼしてきたのかという観点から捉えると、トゥルースの発言とされたこの言葉が交差の概念化と普及に果たしてきた重要な役割は否定できない。複数の構造的カテゴリーが絡む黒人女性に対する差別や抑圧を自ら表現したものとして、彼女ら自身がこの言葉を積極的に使ってきたからである[59]。

一九五〇年代から六〇年代の公民権運動、六〇年代から七〇年代の女性運動などの経験を通して、交差概念につながる黒人女性のフェミニズム、反人種主義思想が蓄積されていく[60]。それを土台として、交差という概念を提唱したのは、アメリカの法学者で、人種・エスニックマイノリティの視点から法制度を捉え直す批判的人種理論を研究してきたキンバリー・クレンショーである。クレンショーは「人種と性の交差を脱周縁化する」(一九八九年)という論文で、アフリカ系アメリカ人女性の差別を適切に把握するためには、人種差別と性差別を別々ではなく、互いに交差したものと捉えなくてはならないと主張した。

クレンショーがこの論文で取り上げた裁判の一つが、自動車会社ゼネラルモーターズ（GM）から不況を理由に解雇された黒人女性がGMを相手に一九七六年に起こした裁判である。[61]GMは解雇基準を年功序列、つまり雇用期間の長さとし、公民権法が制定された六四年以前には黒人女性を雇用していなかったため、黒人女性従業員は全員解雇となった。しかし、黒人女性を雇用しなかったときでも白人女性と黒人男性は雇用していたことから、裁判所はGMの解雇方針は性差別でも人種差別でもないとして黒人女性の訴えを退けた。性差別は白人女性を、人種差別は黒人男性を基準としたため、黒人女性の解雇は差別ではないと判断されてしまったのである。クレンショーは、このような黒人女性の交差的な差別の経験は「人種差別と性差別を合算した以上もの」だと主張している。[62]

これ以降、交差を用いた学術的議論は、一九九〇年代にまずアメリカで、人種・エスニックマイノリティの視点から法制度を捉え直す批判的人種理論やジェンダー研究で本格化し、人文科学、社会科学、自然科学分野にも広がり、その後、移民が増加した欧州やそれ以外の地域でも研究が増えていった。[63]

日本でも一九二〇年代から、部落出身の女性が、部落出身者、女性、無産階級であることによる「二重・三重の差別」について声を上げてきた。[64]例えば、福岡県婦人水平社の機関紙「水平月報」一九二五年七月号（水平月報社）には、「エタとしての迫害は男子ばかりがうけて来たのではない。私達部落婦人は男子以上に二重・三重の迫害をうけて来た」[65]という文章が掲載されている。「水平月報」一九二五年九月号（水平月報社）では、「女工として女事務員として血と汗と膏を搾取されつつある同じ無産階級の女からさえ衆人の中で辱められ苦しめられている部落婦人はここに三重の圧迫をうけているのである」[66]という記述もある。そして、戦後には「二重・三重の差別」が部落女性の運動で広く使われるようになり、二〇〇〇年代に入り、人種差別と女性差別撤廃に取り組む国連が、交差概念を積極的に取り入れるなかで、それを複合差別という言葉で代用していくようになる。[67]

複合差別という概念は、一九九六年に社会学者の上野千鶴子が論文「複合差別論」で論じたものである。上野はこの論文で、複合差別を「複数の差別が、それを成り立たせる複数の文脈のなかでねじれたり、葛藤したり、一つの差別がほかの差別を強化したり、補償したり、という複雑な関係[68]」と定義している。複合差別は交差と似ている概念ではあるが、上野は複合差別を、例えば、人種差別を受ける黒人たちの間の性差別など、「社会的弱者集団内の関係」に限っていて、[69]「社会的強者」（マジョリティ）への視点が不十分であること、そしてマジョリティ（白人）女性が女性を代表することに対するマイノリティ（黒人）女性からの異議申し立て、という交差概念の重要な前提が抜け落ちているという批判がある。[70]

一九九〇年代から人種、ジェンダー、階級など複数の構造的カテゴリーが絡むアフリカ系アメリカ人女性が経験する差別や抑圧について論じてきた、アメリカの社会学者パトリシア・ヒル・コリンズとカナダの社会学者スルマ・ビルゲは、交差を三つの点から定義している。[71]一つめはこの概念の目的であり、交差は、複雑に絡み合う権力関係が、さまざまな集団間の社会的関係そして個人の日常的経験にどのような影響を与えるのかを考察する。二つめに、分析ツールとしての交差は、権力関係に関わる人種、階級、ジェンダーなどの構造的カテゴリーは、それぞれ独立したものではなく、相互に作用し合っていると捉える。三つめに、理論としての交差は、世界、人々、そして人々の経験の複雑さを理解し、説明する。つまり、交差は権力関係が社会や個人に与える影響を検討するための概念であり(=目的)、権力関係には複数の構造的カテゴリーが同時に関わることをみていくこと(=分析ツール)でそれが可能になる。その結果、社会や人々の経験のあり方は複雑であることが浮き彫りになる(=理論)ということである。

本章で論じてきたヘルマンや佐藤の差別の概念、日常の人種主義、マイクロアグレッション、人種主義の否認には、いずれも不平等で非対称的な権力関係が関わっていた。交差は人種・エスニシティ・民族が関わる権力関係に、ジェンダー、階級などに基づいたほかの権力関係が同時に関わることを示してくれる。コリンズとビルゲが、人々が交差を使うのは「自分自身や周りの人々が直面している問題を解決するための分析ツールとしてである」[72]と主張するように、交差という概念を使う意義は、ある差別での権力関係の交差を明らかにすることにとどまらず、その差別を的確に理解して解決方法を探ることにある。したがって、人種差別を女性差別や階級差別などの問題にすり替えてしまうようなものとして交差を使うのは意味がない。交差の視点から人種差別を考えるときには、人種差別を中心に据えたうえで、そこにジェンダーや階級がどのように関わるのかをみていくことが重要である。

以下の例は、エセッドが日常の人種主義(人種的マイクロアグレッションの「侮辱」でもある)として含めている例だが、交差を使うことで理解をより深めることができる。オランダの病院で、黒人女性の医者が白人男性の患者を診察している病室に清掃員が入ってくる。清掃員は白人男性を医者と思い込んで「この部屋を掃除してもいいでしょうか」と質問し、さらに黒人女性を清掃員と勘違いして「新しい清掃員がきたんですね」と言った。[73] このようなコミュニケーションの背景には、医者は社会経済的地位が高い職業の一つで、そのような地位には白人や男性がつくものというステレオタイプがあり、そこには人種だけではなく、ジェンダー、階級に基づく権力関係が交差している。

第4章で、戦前、日本が植民地化していた朝鮮半島では植民地時代末期でも男子の三人に一人、女子では三人に二人が不就学だったことを紹介したが、この例でも「日本人」の朝鮮半島の人々に対する人種・民族に基づく差別だけではなく、階級、ジェンダーに基づく差別が交差している。[74] 日本が朝鮮半島では義務教育制を導入しなかったため、授業料が払えない貧しい家庭の子どもは学校に通えなくなり（階級）、その結果、読み書きができない非識字者にされた人は「日本人」よりも朝鮮半島の人々のほうが格段に多く（人種・民族）、そのなかでも女性がより多くなるのである（ジェンダー）。

交差は、この章で主に論じてきた個人の差別的実践という人種主義のミクロの構造的側面だけでなく、植民地支配下の朝鮮半島の女性の不就学や非識字のようなマクロの構造的側面の理解にも有効である。そして、イデオロギー的側面を検討し、理解し、それに介入するための視点も提供してくれる。次章では日常の人種主義や人種的マイクロアグレッションとも密接に結び付いている、ミクロのイデオロギー的側面に関わる偏見、ミクロに加えてマクロのイデオロギー的側面にも関わるステレオタイプについて考えていく。

注

（1）日本語訳はアメリカンセンターのウェブサイトのものである。「独立宣言（1776年）」「AMERICAN CENTER JAPAN」（https://americancenterjapan.com/aboutusa/translations/2547/）〔二〇二二年九月十日アクセス〕

（2）日本語訳は比較ジェンダー史研究会のウェブサイトのものである。「【史料】フランス人権宣言（1789年）全文」「比較ジェンダー史研究会」（https://ch-gender.jp/wp/?page_id=385）〔二〇二二年九月十日アクセス〕

（3）申惠丰『国際人権入門――現場から考える』（岩波新書）、岩波書店、二〇二〇年、七七―七九ページ

（4）Fibbi, Rosita, Midtbøen, Arnfinn H. and Simon, Patrick, *Migration and Discrimination*, Springer, 2021, p.4.

（5）三橋修『差別論ノート』新泉社、一九七三年、一九ページ

（6）石田雄「戦後日本の社会科学と人権の視角」、石田雄／三橋修『日本の社会科学と差別理論』所収、明石書店、一九九四年、七―五一ページ

（7）Hellman, Deborah, “Discrimination and Social Meaning,” in K. Lippert-Rasmussen ed., *The Routledge Handbook of the Ethics of Discrimination*, Routledge, 2018, p. 98.

(8) デボラ・ヘルマン『差別はいつ悪質になるのか』池田喬／堀田義太郎訳（サピエンティア）、法政大学出版局、二〇一八年、三〇ページ。日本語訳では「HSD特徴」と訳されている。

(9) Lippert-Rasmussen, Kasper, "The Badness of Discrimination," *Ethical Theory and Moral Practice*, 9(2), 2006, p. 169, Lippert-Rasmussen, K., "The Philosophy of Discrimination: An Introduction," in Kasper Lippert-Rasmussen ed., *The Routledge Handbook of the Ethnics of Discrimination*, Routledge, 2018, p. 2.

(10) Thomsen, Frej Klem, "Direct Discrimination," in Lippert-Rasmussen ed., *op. cit.*, pp. 25-26.

(11) 前掲『差別はいつ悪質になるのか』三九―四九ページ（第二章）。日本語訳では「貶価」という語が使われている。

(12) 同書四八ページ

(13) 同書八六ページ

(14) 同書三九―四二ページ

(15) 同書四〇ページ

(16) 佐藤裕『新版　差別論――偏見理論批判』（明石ライブラリー）、明石書店、二〇一八年、第一章

(17) 同書四二ページ

(18) 佐藤裕は、関係モデルの不当性の根拠を基礎づける規範理論はいまのところは存在しないとしている。同書三六―三七ページ

(19) 同書七一ページ

(20) 同書六四ページ

(21) 同書六八―六九ページ

（22）河合優子「日常的実践としてのナショナリズムと人種主義の交錯——東アジア系市民の経験から」、河合優子編、工藤正子／川端浩平／渡会環／田中東子／高美哿『交錯する多文化社会——異文化コミュニケーションを捉え直す』所収、ナカニシヤ出版、二〇一六年、一四〇ページ

（23）前掲「ヘイトスピーチ、許さない。」

（24）Essed, Philomena, *Understanding Everyday Racism: An Interdisciplinary Theory*, SAGE Publications, 1991, Essed, Philomena, "Everyday Racism: A New Approach to the Study of Racism," in Philomena Essed and David Theo Goldberg eds., *Race Critical Theories: Text and Context*, Wiley-Blackwell, 2001, pp. 176-94.

（25）Essed, *Understanding Everyday Racism*, pp. 49-53.

（26）*Ibid.*, p. 53.

（27）*Ibid.*, p. 50.

（28）Essed, "Everyday racism," pp. 207-208.

（29）Essed, *Understanding Everyday Racism*, pp. 202-203.

（30）「〈ハーフ〉というカテゴリー化に関する〈当事者〉への聞き取り調査」、前掲『〈ハーフ〉とは誰か』所収、二五四ページ。筆者がおこなったインタビュー部分である。

（31）二〇一一年十一月三十日の筆者によるインタビュー。

（32）Williams, Monnica T., "Microaggressions: Clarification, Evidence, and Impact," *Perspectives on Psychological Science*, 15(1), 2019, p. 3.

（33）Lilienfeld, Scott O., "Microaggressions: Strong Claims, Inadequate Evidence," *Perspectives on Psychological Science*, 12(1), 2017, pp. 139-141.

(34) デラルド・ウィン・スー『日常生活に埋め込まれたマイクロアグレッション——人種、ジェンダー、性的指向：マイノリティに向けられる無意識の差別』マイクロアグレッション研究会訳、明石書店、二〇二〇年、三四ページ

(35) Sue, Derald Wing, Capodilupo, Christina M., Torino, Gina C., Bucceri, Jennifer M., Holder, Aisha M. B., Nadal, Kevin L. and Esquilin, Marta, "Racial Microaggressions in Everyday Life: Implications for Clinical Practice," *American Psychologist*, 62(4), 2007, p. 273.

(36) 前掲『日常生活に埋め込まれたマイクロアグレッション』六三ページ

(37) 同書六四ページ

(38) 同書六九ページ

(39) Sue, Capodilupo, Torino, Bucceri, Holder, Nadal and Esquilin, op. cit., p. 278.

(40) 前掲『日常生活に埋め込まれたマイクロアグレッション』第二章、Sue, Capodilupo, Torino, Bucceri, Holder, Nadal and Esquilin, op. cit. 日本語訳では英語をカタカナ読みにした語が使われている。

(41) 前掲『日常生活に埋め込まれたマイクロアグレッション』六九—七四ページ

(42) 同書七四—七八ページ、Sue, Capodilupo, Torino, Bucceri, Holder, Nadal and Esquilin, op. cit., p. 274.

(43) 同書七八—八二ページ、Ibid., pp. 274-275.

(44) 「サポーターが旭日旗、川崎を処分 チーム「政治的でない」アジア連盟「規定違反」」「朝日新聞」二〇一七年五月五日付

(45) 「菅氏、国旗との違い例示　旭日旗「大漁旗・節句祝いに」Ｊ１川崎処分」「朝日新聞」二〇一七年

五月九日付
(46)「旭日旗」「外務省」(https://www.mofa.go.jp/mofaj/a_o/rp/page22_003194.html)［二〇二二年九月十一日アクセス］
(47)テウン・ヴァン・デイク「談話に見られる人種差別の否認」山下仁／野呂香代子訳、植田晃次／山下仁編著『「共生」の内実——批判的社会言語学からの問いかけ』所収、三元社、二〇〇六年、一八七—二三二ページ、van Dijk, Teun, "Discourse and the Denial of Racism," *Discourse & Society*, 3(1), 1992, pp. 87-118. 日本語訳で名前はテウン・ヴァン・デイクとなっているが、オランダ名のため、オランダ語に近いように訳出した。
(48)前掲「談話に見られる人種差別の否認」一八八ページ
(49)同論文一八九ページ
(50)同論文一九二—一九七ページ、van Dijk, op. cit., pp. 91-94.
(51)同論文一九六ページ
(52)英語では mitigation だが、日本語訳では「緩和化」(前掲「談話に見られる人種差別の否認」一九四ページ)と「過小評価」(同論文二一五ページ)という二つの訳が使われている。
(53)「【東京五輪】韓国の反日教授が〝旭日旗狩り〟宣言 見つけ次第戦犯旗と訴える」「東京スポーツ新聞」二〇二一年七月十七日付(https://www.tokyo-sports.co.jp/entame/news/3430722/)［二〇二二年九月十一日アクセス］
(54)森山至貴「「今度はインターセクショナリティが流行ってるんだって?」」(「現代思想」二〇二二年五月号、青土社)六四ページで指摘。『現代用語の基礎知識2020』自由国民社、二〇二〇年、三二九ページ

（55）パトリシア・ヒル・コリンズ／スルマ・ビルゲ『インターセクショナリティ』下地ローレンス吉孝監訳、小原理乃訳、人文書院、二〇二一年、第三章

（56）Painter, Nell Irvin, “Representing Truth: Sojourner Truth's Knowing and Becoming Known,” *The Journal of American History*, 81(2), 1994, p. 491. Appendix II でこの演説を報告した一八六三年の記事が再録されている。

（57）荻原弘子「「私たち」のなかの勇気ある者――議論、懐旧、追悼」、前掲「現代思想」二〇二二年五月号、二七―三〇ページ、Painter, op cit.

（58）同論文二九ページ

（59）あとに出てくるキンバリー・クレンショー、パトリシア・ヒル・コリンズとスルマ・ビルゲの論文、著書では、トゥルースの言葉として重視している。

（60）前掲「「私たち」のなかの勇気ある者」二四―二五ページ、熊本理抄『被差別部落女性の主体性形成に関する研究』解放出版社、二〇二〇年、三一八―三二〇ページ

（61）Crenshaw, Kimberlé Williams, “Demarginalizing the Intersection of Race and Sex: A Black Feminist Critique of Antidiscrimination Doctrine, Feminist Theory and Antiracist Politics,” *The University of Chicago Legal Forum*, Volume 1989(1), 1989, pp. 141-143.

（62）Ibid., p. 140.

（63）例えば、Lutz, Helma, Vivar, Maria Teresa Herrera and Supik, Linda, “Framing Intersectionality: An Introduction,” in Helma Lutz, Maria Teresa Herra Vivar and Linda Supik eds., *Framing intersectionality*, Ashgate, 2011, pp. 1-22, Cho, Sumi, Crenshaw, Kimberlé Williams and McCall, Leslie, “Toward a Field of Intersectionality Studies: Theory, Applications, and Praxis,” *Signs*, 38(4),

2013, p. 792.
(64) 前掲『被差別部落女性の主体性形成に関する研究』三四五ページ
(65) 鈴木裕子『増補新版 水平線をめざす女たち――婦人水平運動史』ドメス出版、二〇〇二年、八〇ページ
(66) 同書八四ページ
(67) 前掲『被差別部落女性の主体性形成に関する研究』三四五―三五〇ページ
(68) 上野千鶴子「複合差別論」、井上俊／上野千鶴子／大澤真幸／見田宗介／吉見俊哉編『差別と共生の社会学』(「岩波講座現代社会学」第十五巻) 所収、岩波書店、一九九六年、二〇四ページ
(69) 同論文二一九ページ
(70) 前掲『被差別部落女性の主体性形成に関する研究』三五五―三五七ページ
(71) 前掲『インターセクショナリティ』一六ページ、Collins, Patricia Hill and Bilge, Sirma, *Intersectionality*, (2nd. ed.), Polity, 2020, p. 2. 目的は価値論（axiology）、分析ツールは方法論（methodology）、理論は存在論（ontology）に関するものといえる。
(72) 前掲『インターセクショナリティ』一七ページ
(73) Essed, *Understanding Everyday Racism*, p. 155.
(74) 前掲『継続する植民地主義とジェンダー』三三―四五ページ

第6章　偏見とステレオタイプ

差別と同じく、偏見とステレオタイプも人種主義との関係が深い概念である。ある集団に対する「○○人は約束を守らない」「□□人は陽気だ」というイメージが日本にも数多く存在する。それに基づいて、何となく肯定的あるいは否定的な評価や感情をその集団に抱いてしまうことも少なくない。このような感情やイメージが偏見やステレオタイプと呼ばれ、それが前章で紹介した日常の人種主義や人種的マイクロアグレッションのような差別につながることもある。偏見やステレオタイプはミクロ、つまり個人レベルの実践でもあることから、「偏見やステレオタイプは個人の問題」「差別をなくすためには一人ひとりが偏見やステレオタイプをもたないようにすべき」などと考える人も多いのではないだろうか。

偏見とステレオタイプを主に研究してきた心理学では、ある社会集団に対する過度に単純化された情報や信念をステレオタイプ、その集団に対する否定的な評価や感情という態度を偏見、それらが行為として表現されたものを差別と定義することが多い。(1)これに従うと、「○○人は約束を守らない」と認識することがステレオタイプ、約束を守らないから「信用できないからいやだ」と感じると偏見、だから「雇用しない」という行動をとると差別ということになる。

しかし、「約束を守らない」というイメージには否定的な評価、「陽気だ」というイメージには肯定的な評価がすでに含まれているように、ステレオタイプと偏見を厳密に分けるのは難しいことも少なくない。さらに、ステレオタイプは誰もがもってしまうものと考えられることが多く、ステレオタイプが当たり前であれば、偏見も同様であり、したがって差別も避けられないものになってしまう。例えば、「普通に生活しているだけでも偏見をもち差別してしまうのはなぜだろうか」と問い、その原因をステレオタイプとし、それに人間が無意識におこなうカテゴリー化という認知プロセスを重ね合わせることがその一例である。[2]

このように偏見、ステレオタイプ、差別を捉えると、これらが深く関わる人種主義も不可避であるという考えにつながりかねない。しかし、偏見とステレオタイプはミクロのイデオロギー的側面に関わるが（ステレオタイプはマクロにも関わる）、マクロのイデオロギー的側面と相互依存関係にあり、加えて、イデオロギー的側面と構造的側面も互いに影響し合う（第4章の図3と図4を参照）。これを踏まえると、確かに「普通に生活しているだけでも偏見ともち、差別してしまう」のだが、それは避けられない人間の本質ではなく、歴史、政治、経済など社会的なものと切り離せない。

偏見研究はまず人種に対するものから始まり、人種主義の変化に伴って概念的理解も変化し、その対象はジェンダーなどほかのカテゴリーにも拡大していった。欧米で偏見の学術的議論が開始されたのは一九二〇年代から三〇年代である。[3] これは人種という概念が問題化され、人種主義という言葉が一般的に使われるようになる時期と重なっている。[4] 人種偏見が問題とされるようになることは、人種間に優劣があるという考え方が許容されなくなることであり、そのような考え方を含んでいた人種という概念、それに基づく人種主義が問題視されることと不可分である。そして人種主義のあり方が変化すれば、人種偏見についての理解も変わっていく。

このような偏見と人種との密接な関わりは、社会心理学者の我妻洋と文化人類学者の米山俊直による、日本での初期の偏見研究の書名『偏見の構造――日本人の人種観』（一九六七年）にも表れている。我妻と米山がこの書籍を執筆するきっかけとなったのは日本社会の「混血児問題」だった[5]という。

書いているように、民族よりも人種に基づく偏見についての議論が中心になっている。二〇一〇年代にヘイトデモやヘイトスピーチが社会的に問題になるなかで、在日コリアンに対する偏見研究が出てきたが[6]、日本での人種的・民族的マイノリティに対する偏見研究は非常に少ない。[7]

一方、ステレオタイプは一九二〇年代のアメリカで概念化された。新聞や雑誌という大衆メディアの流行によって、社会で特定のイメージが広く人々に共有されることに対する問題意識が高まったことがその背景にある。このようにステレオタイプはメディアとの結び付きが強い概念だが、主に偏見の一部として心理学で研究され、メディア研究ではメディアでの人種・エスニックマイノリティ表象の種類、不在、少なさ、偏りなどの問題性を指摘する実証的研究が主流[8]で、偏見に比べてステレオタイプの概念的議論はあまりおこなわれてこなかった。[9]

日本でもステレオタイプは心理学分野での研究が中心であり、メディア研究での概念的議論はもちろん、日本の人種的・民族的マイノリティのステレオタイプに関する実証的研究も限られている。[10]

日本の人種的・民族的マイノリティに対する偏見とステレオタイプ研究の少なさは、日本社会で人種主義が不可視化されていることと無関係ではないだろう。しかし、学術研究は少なくても、偏見とステレオタイプは、個人レベルのイデオロギー的側面であることから、比較的身近な概念であり、日本社会で生きる一人ひとりが日常生活で人種主義を問題化する糸口にもなりうる。

本章では、まず、心理学での偏見に関する議論の変遷を歴史的に概観し、偏見は個人の問題であり、避けられない人間の本質、という捉え方がどのように登場して変化し、そこにステレオタイプがどのように関係していたのかについて論じていく。次に、人種主義を偏見として捉えた象徴的・現代的人種主義と回避的人種主義を紹介する。最後に、メディア研究でのステレオタイプの概念的議論を紹介し、ステレオタイプをそれが形成される社会や歴史的背景と密接に結び付いたものとして理解することの重要性について考えていく。

1 偏見の捉え方の変遷

一九二〇年代に欧米で偏見が問題化され始めた背景には、当時の政治情勢や人種主義に対する考え方の変化がある。[11] 第一次世界大戦の惨状によって西洋文明や白人に対する懐疑的な見方が世界的に広がり、さらにこの大戦中の一七年にロシアでソビエト政権が成立し、ウラジーミル・レーニンの即時停戦案「平和に関する布告」と、それに対抗するものとして一八年にアメリカのウッドロウ・ウィルソン大統領が提示した「十四カ条の原則」の両方で、民族自決の原則が含まれていたことである。それによって、白人が優れているという見方と植民地支配の正当性が揺らぎ、アジアやアフリカで植民地独立運動が活発化した。そして、三〇年代に入り、ナチスの人種主義政策に対する批判が高まるなかで、白人を頂点とする人種概念やそれに基づく生物的・科学的人種主義に否定的な見方をする人々が増えることで、人種偏見の研究が進んでいった。

偏見の学術的理解は、時代の政治的・社会的状況、そして人種主義のあり方に影響を受けながら変遷してきた。[12] 初期の一九二〇年代から四〇年代は、偏見は不公正で非合理的な集団的態度であり、それは防御機制という無意識で作用する心理的メカニズムから発生するとして、「人間の普遍的な問題」と捉えられた。[13] 防御機制の例として、例えば白人が黒人に対して「怖い」という感情をもっているとき、それを自分の感情ではなく、黒人が「怖い人々」だとしてしまう「投影」などがある。

ナチスのホロコーストの衝撃から、戦後、一九五〇年代になると、偏見はある特定の人の心理的な病、つまり「個人の問題」と理解されるようになる。[14] その代表的な著書が、ドイツでユダヤ系の家に生まれた哲学者で社会学者のテオドール・アドルノらが戦前のナチズムなどファシズムへの強い関心から書いた『権威主義的パーソナリティ』（一九五〇年）である。アドルノらは、反ユダヤ主義などに引き付けられやすい「潜在的にファシスト的な個人」[15] の精神構造に注目し、そこには厳格で愛情に欠け、平等主義的ではない親子関係が影響していると主張した。偏見はこのような権威主義的な人格を有する個人がもちやすいものだとしたのである。

偏見を「個人の問題」としてしまうと、例えば、アメリカ南部や南アフリカなどでほかの地域に比べて人種偏見の表出が目立つことが説明できないことから、一九六〇年代から七〇年代には、偏見は主に「社会の問題」と見なされるようになる。[16]人種間に優劣があるという考え方が当たり前とされている社会や、人種間の政治的・経済的格差が激しい社会では人種偏見が強くなる。つまり、社会の人種に対する意識や社会のあり方が偏見を生み出すと捉えられた。

一九七〇年代から八〇年代になると、偏見には人間が無意識におこなう認知機能が関わるとして、再び「人間の普遍的な問題」と捉えられるようになる。[17]この変化の背景には、生物的・科学的人種主義（構造的側面では明示的人種主義〔体制〕）が社会的に否定されても、人種偏見は根強く残り続けたことがある。第4章でみてきたように、生物的・科学的人種主義の否定は人種主義が消えたことを意味せず、人種主義のあり方が変化しただけであり、当然、人種偏見も残る。人種主義の変化で、あからさまな差別的行為が回避されるようになったことを第5章で論じたが、差別と同様に偏見のあり方も変化していったのである。

偏見を「個人の問題」とする初期の捉え方の影響を受けながらも、「人間の普遍的な問題」としての偏見への橋渡しをすることになるのが、一九五四年に出版されたアメリカの心理学者ゴードン・オルポートの『偏見の心理』である。[18]オルポートの著書はそれ以降の偏見研究に大きな影響を与え、この著書以降、偏見は個人がもつ外集団に対する否定的な認識であり、個人がそのような認識を改めることが偏見の解決につながるという考え方が主流化した。[19]

オルポートは人種・エスニックグループに対する偏見を「誤った、柔軟性のない一般化に基づいた反感」と定義した。[20]「一般化」は「カテゴリー化」と言い換えることもでき、[21]物事をカテゴリー化し、簡素化して理解するという認知プロセスである（あとで「社会的カテゴリー化」として詳細に説明する）。したがって、偏見は「誤った、柔軟性のない一般化」という認知的要素、「反感」という感情的要素の二つが関わる。オルポートは「人間は偏見への傾性をもっている」[22]とし、「この傾性は、一般化、概念、カテゴリーを形成する正常で自然な傾向に基づいている」と述べている。「一般化」は人間の自然な性質であるため、それと不可分である偏見も同様に避けられないとする主張である。

そして「反感」は感情的要素であり、他者に対する否定的な感情である。内集団には「忠誠心」という肯定的な感情が向けられ、その感情を支えるために外集団の「拒否」という否定的な感情を引き起こす。[23]そして、オルポートは「偏見は終極的には、パーソナリティの形成、およびその発達の問題であるとの立場をとる」[24]と述べていて、偏見を個人の人格の問題とした初期の影響がみてとれる。

先に述べた一九七〇年代から八〇年代の偏見を「人間の普遍的な問題」と捉えた研究は、認知的アプローチと呼ばれる。[25]このアプローチでは、オルポートの偏見の二つの要素のうち、認知的要素の役割が強調された。[26]日本で出版されている心理学や心理学の影響を受けた異文化間教育、異文化コミュニケーションの教科書などでは、偏見をこのアプローチで説明していることも多い。[27]

認知的アプローチで使われたのが、社会的カテゴリー化という概念と社会的アイデンティティ理論である。社会的カテゴリー化とは、人間の認知プロセスを人間のカテゴリー化に応用したものである。例えば、木や花には多様な差異そして種類があるが、人間は道端で植物を見かけると、これ

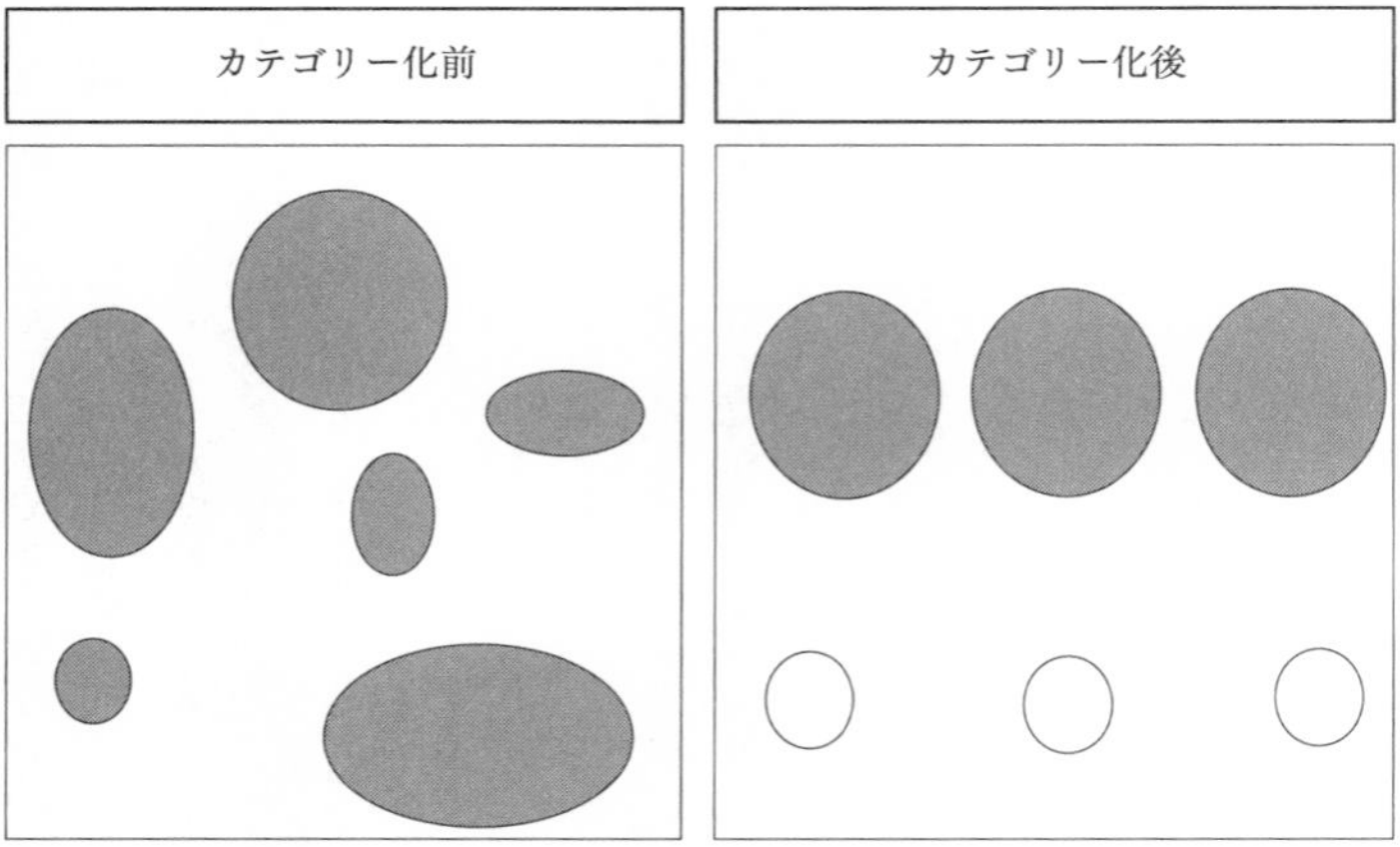

図6　カテゴリー化の認知プロセス
（出典：上瀬由美子『ステレオタイプの社会心理学——偏見の解消に向けて』〔（セレクション社会心理学）、サイエンス社、2002年〕21-23ページの図をもとに筆者作成）

は木、これは花というように瞬時に、無意識にカテゴリー化し、情報を簡素化して認識する。同様に、人間に対しても、この人は中国人、この人は女性、この人は若者というように人種・エスニシティ、ジェンダー、年齢などのカテゴリーに基づいて集団に分けて多様な個人を均質化し、個人をまず集団の一員として捉えようとする。図6にあるように、カテゴリー化前は大きな丸も小さな丸も一つ一つは多様である。しかし、カテゴリー化後はそのような個々の多様性は無視されて、均質的な存在と見なされる。

社会的カテゴリー化は、単に人々を集団に分けるだけにとどまらず、それがどのような集団なのかという意味づけを伴うため、社会的アイデンティティの構築へとつながっていく。アイデンティティについては次章で詳しく論じるが、社会的アイデンティティ理論は偏見研究の認知的アプローチのなかで論じられてきたため、ここで紹介しておく。この理論は、人は自分が所属するカテゴリー（内集団）と所属しないカテゴリー（外集団）を比較し、内集団には外集団よりも肯定的な意味づけをして社会的アイデンティティを作ることを説明したものである。[28]ただし、比較対象はすべての外集団ではなく、内集団にとって重要な集団である。[29]この理論では、人々が社会的アイデンティティを作ることとほかのグループを否定的に捉えること（偏見）が一体になっていて、人間にとって偏見は不可避という見方を支えてしまう。

認知的アプローチの実証研究では、偏見と社会的カテゴリー化や社会的アイデンティティとの結び付きが明確には示されず、二〇〇〇年代に入ると、偏見の感情面、歴史性や政治性（権力、イデオロギー）、そして個人差など多様な側面を有する複雑なものとして捉える動きが高まっていく。[30]例えば、ルーマニア出身でイギリスの大学で教える社会心理学者クリスティアン・ティレガは、一六年に出版した『偏見の性質』で、偏見を「反感」という他者に対する否定的な感情としてではなく、人間の尊厳（dignity）を脅かして屈辱感（indignity）を引き起こす、社会的そして政治的なものとして捉えるべきだと主張している。[31]

2　偏見としての人種主義

認知的アプローチが主流化した一九七〇年代から八〇年代に、心理学でアメリカの人種主義を偏見として概念化する試みが始まった。[32] 公民権法が導入される以前の、人種間の序列化を強調し、有色人種を劣った存在として見なす態度を古典的人種主義（old-fashioned racism）と呼び、それに比べて差異化を強調し、間接的でわかりにくくなった人種偏見が概念化されたが、その代表的なものが象徴的・現代的人種主義（symbolic/modern racism）と回避的人種主義（aversive racism）である。[33] 象徴的・現代的人種主義と回避的人種主義は偏見、つまりミクロのイデオロギー的側面を捉えたもので（第4章を参照）、それに対応するマクロのイデオロギー的側面が人種なき人種主義と位置づけることができる（表8を参照）。

象徴的・現代的人種主義は、アメリカ社会で成長するなかで獲得される主に黒人に対する否定的な感情、そして個人主義や自助努力を重視するアメリカの支配的な政治的価値観、という二つの要素が結び付いたものである。[34] 象徴的人種主義は以下の四つの信条によって特徴づけられ、これが黒人への偏見につながっているとした。

①黒人に対する差別や偏見は過去のものである。
②黒人の状況が改善しないのは黒人の頑張りが足りないせいだ。
③黒人は過剰な要求をしている。
④黒人は分不相応なものを獲得している。[35]

表8　マクロとミクロ（偏見）のイデオロギー的側面（筆者作成）

マクロ	ミクロ（偏見）
生物的・科学的人種主義	古典的人種主義
人種なき人種主義（文化的人種主義を含む）	象徴的・現代的人種主義 回避的人種主義

この四つの信条をまとめると、公民権法で人種差別は不法になったが、それでも黒人がいい仕事につけず貧困から抜け出せないのは黒人のせいであり、黒人が積極的差別是正措置（アファーマティブ・アクション）などを要求し、それによって大学に入学し、仕事を得るのはおかしいとするような考え方である。古典的人種主義のような黒人に対する否定的な感情は存在するが、それが前面に出ることは少ない。そのかわりに、自己責任を強調する個人主義に基づく新自由主義的な政治的価値観を理由として、歴史的に作られてきた白人中心の社会を是正するために、政府が積極的差別是正措置によって介入することはよくないとして、制度的人種主義に対する非難や改善要求を否定するのである。

このような人種主義を「象徴的」としたのは、具体的な個人の黒人ではなく黒人一般に対するもので、差別者の具体的な経験や利害関係ではなく、価値観という抽象的なものを理由としたからだった[36]。しかし、古典的人種主義も常に黒人に関する具体的な経験ではなく、黒人を象徴的に捉えたものに基づくとして、現代的人種主義という名称が新たに提案される[37]。現代的人種主義には、象徴的人種主義の四つの信条に加えて、二つの信条が追加された。

⑤人種主義はよくないが、①—④は事実であり人種主義ではない。
⑥人種主義とは古典的人種主義のことである[38]。

これら六つの信条は、第4章で紹介した人種なき人種主義の要素（抽象的自由主義、自然化、文化的人種主義、人種主義の軽視）と否定的な効果（人種主義の非問題化、人種の非歴史化、人種主義への介入の困難化）が、個人のレベルで具体化されたものだといえる。六つの信条と人種なき人種主義の四つの要素と三つの効果の関係をここで完全に書き出すことはできないが、そのうちのいくつかを挙げる。

まず、黒人に対する差別や偏見は過去のもの（信条①）とし、人種主義を否定（信条⑤）し、人種主義を古典的人種主義に限定すること（信条⑥）は人種主義の軽視という要素と人種主義の非問題化という効果が関わる。信条②には複数の要素が関わる可能性がある。人種間の格差を黒人の頑張りが足りないから、つまり自己責任を理由とする場合には抽象的自由主義、黒人文化は頑張るということを重視しないからと考える場合には文化的人種主義、黒人たちは頑張らずにのんびりと生きることを選択しているのだから状況が改善されないのは当然だとする場合には自然化という要素が関わっているといえる。黒人の人種平等に対する要求を過剰だとする信条③には、歴史的に白人中心に作られてきた社会の制度や構造を自然なものと見なすからこそ、それを変えることは行き過ぎとされるのであり、そこには自然化という要素そして人種の非歴史化という効果が関わっている。黒人たちが獲得したものを分不相応と見なす信条④には、個人の力ではなく政府の介入に頼るのは不当だとする、個人主義と自己責任を重視する抽象的自由主義という要素が関わる。そして信条①から⑥はいずれも人種主義への介入の困難化という効果につながる。

象徴的・現代的人種主義はアメリカの歴史的・社会的文脈から出てきた概念だが、社会心理学者の高史明は、個人主義や自助努力というアメリカの価値観は日本でも影響力があり、「日本人」の在日コリアンに対する人種主義にもみられるとする。[39] そして、日本では、古典的人種主義と象徴的・現代的人種主義が共存していることが特徴であるとも主張している。日本社会では人種主義が重要な社会的問題と見なされないため、序列化を避けて差異化を強調する方法をとらない人が多いということだろう。その一例が、ネット上でよくみられる「在日コリアンの犯罪が通名を使う権利のせいで正しく報じられていない」[40]という言説である。まず、在日コリアンが犯罪、つまり劣等性と結び付けられている点は古典的人種主義である。そして、「通名（日本式名）」を日常生活で用いることは、「日本人」の差別が原因であるにもかかわらず、それを政府が在日コリアンに与えている「権利」と見なし、マスコミに守られているとして反発することは、象徴的・現代的人種主義の信条④「分不相応なものを獲得している」にあたる。高は、在日コリアンは政府やマスコミから守られていると強く信じる人、つまり、象徴的・現代的人種主義が強い人ほど、犯罪が起きると犯人が実は在日コリアンではないかと疑い、古典的人種主義を強めている可能性を指摘している。[41]

象徴的・現代的人種主義がアメリカの支配的な政治的価値観を支持する、アメリカの白人保守層の人種主義を問題にしたのに対し、リベラル層の人種主義に注目した概念が回避的人種主義（aversive racism）である。[42] 回避的人種主義とは、人種平等を積極的に支持し、自分は人種差別をするような人間ではないと思っている人が、無自覚にもっている有色人種に対する否定的な感情や信念を指し、それらは間接的でさりげないものとして表現される。そのような否定的な感情や信念は、認知的要因（社会的カテゴリー化）と社会文化的要因（人種間の構造的不平等、歴史的関係、ステレオタイプなどのメディア表象や言説など）の影響で、アメリカ社会で生きるなかで身につけるものである。[43] この人種主義が「回避的」と呼ばれるのは、自分は人種平等主義者だと思っているため、有色人種に対してもっている人種偏見を認めることを回避するからである。

具体例として、人種は平等であるべきだと思っている人が、採用面接で黒人と白人候補者の経歴や実績に差がない場合、白人のほうが優れているという信念を無自覚にもっていて、白人候補を選択するケースがある。[44]経歴や実績が非常に優れた黒人候補者を採用しないという行為は、人種平等主義者であるという自己イメージとそぐわないため、そのようなことはしない。しかし、両者に差がない微妙なケースでは白人候補を優先するが、自らの黒人に対する否定的な感情や信念が、その選択に作用したかもしれないことは意識されず、周りからもその行為が人種主義的だと非難されにくい。第5章で紹介した人種的マイクロアグレッションを提唱したスーは、「善意の人々によって、意識できないレベルでおこなわれている」という点で、回避的人種主義はマイクロアグレッションと非常に近い概念だと述べているが、厳密にいえば、回避的人種主義は個人の意識（もしくは態度）、人種的マイクロアグレッションはそれが行為として表現されたものにそれぞれ焦点を当てた概念である。[45]

回避的人種主義は、アメリカだけでなく、カナダやオランダなど、平等が社会的規範として伝統的に強調されてきた地域では適用可能だとされている。[46]さらに、古典的人種主義が社会的に否定され、たとえ建前であっても人種平等が社会的規範とされているかどうかも関係しているだろう。日本では人種主義が重要な社会的問題と見なされず、古典的人種主義の影響力も依然として強く、これらの地域とは異なる部分も多い。しかし、日本語に翻訳されたスーのマイクロアグレッションに関する著書が話題になったことは、「善意の日本人」が無意識におこなう人種的マイクロアグレッションは存在し、したがって回避的人種主義も無関係ではないことを示している。人種・民族差別はすべきではないと思っている人でも、人種的・民族的マイノリティに対する否定的な見方からは自由ではなく、それが自分の行為に影響を与えている可能性を常に意識することが重要である。そして、そのような見方を無自覚にもつことに密接に関わるのがステレオタイプである。

3　ステレオタイプの二つの特徴

偏見と密接な関係で議論されてきたステレオタイプの概念化は、偏見と同じく一九二〇年代に始まった。ステレオタイプを最初に概念化したのは、アメリカの政治評論家でジャーナリストのウォルター・リップマンである。二二年に出版した『世論』で、リップマンはメディアの民主主義への影響を論じ、人々の意識や行動に影響を与える「頭の中で描くイメージ（the pictures in our heads)」としてのステレオタイプに注目した。[47] この時代にステレオタイプを論じた背景には、電気通信や印刷、映像技術の発達に伴う大衆メディア（新聞、雑誌、映画）の流行や大衆社会の到来がある。つまり社会の不特定多数の多くの人々が同じ情報にアクセスできる機会が増加することで、より多くの人がある特定のイメージや考え方を共有することが可能になったのである。

リップマンはステレオタイプには二つの特徴があるとした。一つは、偏見の認知的アプローチでステレオタイプと重ねられた、混沌とした現実を簡素化して秩序づけるという認知的特徴である。もう一つは、ステレオタイプをおこなう側の価値観や信念が表現されたものであり、それには感情が伴うという価値・感情的特徴である。前者に比べて後者はステレオタイプの特徴として言及されることが少ないため、少し長くなるが、この二つの特徴をリップマンが論じている部分を引用する。

ステレオタイプのパターンは公平無私のものではない。それは、盛んで騒々しい現実という、巨大な混乱状況に代わる秩序を提供する一手段というだけではない。それは簡便な一方法というだけのものでもない。こうしたものをすべて兼ねていると同時に、それ以上のものでさえある。われわれの自尊心を保障するものであり、自分自身の価値、地位、権利についてわれわれがどう感じているかを現実の世界に投射したものである。したがってステレオタイプには、ステレオタイプに付属するさまざまの感情がいっぱいにこめられている。それはわれわれの伝統を守る砦であり、われわれはその防御のかげにあってこそ、自分の占めている地位にあって安泰であるという感じをもち続けることができる。[48]

ステレオタイプについてよく知られているのは、「混乱状況に代わる秩序を提供する一手段」であり、ある対象を瞬時にカテゴリー化して理解するという「簡便な一方法」（原文では a short cut）という認知的特徴である。[49] これをリップマンは「労力の節約」[50] とも呼んでいる。これに対して、「自分自身の価値、地位、権利についてわれわれがどう感じているかを現実の世界に投射したもの」という部分が、ステレオタイプの価値・感情的特徴である。言い換えると、ステレオタイプは「〜であるべき」という価値観や「〜である」という信念であり、それらは感情と密接に結び付いているため、〔51〕「感情がいっぱいにこめられている」ということになる。

リップマンのステレオタイプの定義で重要なポイントが二つある。

一つめは、オルポートの偏見の定義に含まれていた「一般化」という認知的要素と「反感」という感情的要素が、リップマンのステレオタイプの定義にも含まれていて、この二つの概念が重なり合っていることである。異なるのは、オルポートの感情的要素が他者に対するものであるのに反し、リップマンは自己に向けられるものである点、そして、オルポートが偏見を個人の人格の問題としていたのに対し、リップマンはステレオタイプを集団や社会の問題としている点である。

二つめに、リップマンが主張したステレオタイプの価値・感情的特徴が示すのは、ステレオタイプでわかるのは「作る側」のことであり、「作られる側」のことではないということである。例えば、新型コロナウイルスが世界的に広がった二〇二〇年以前、かなりの数で来日していた中国人観光客に対して、「爆買い」というステレオタイプがメディア上で広まっていた。「爆」には過剰な、常軌を逸脱したというニュアンスがあり、中国人に対する否定的な意味が含まれ、それに対し「日本人」はそのような買い方はしないという肯定的な意味が同時に作られることになる。さらに、日本の製品を「買い」まくることは、日本製品が優れているということになり、「日本人」の自尊心をくすぐって喜ばせ、明治時代以降の近代日本で作られてきた「アジアでナンバーワン」としての「日本人」という信念、もしくは「日本人」は「アジアではナンバーワンであるべき」という価値観を守ってくれる。「爆買い」というステレオタイプからわかるのは、中国人のことではなく、「日本人」の価値観や信念であり、「日本人」のことなのである。

写真7　中国人観光客の「爆買い」（毎日新聞社提供）

中国人観光客が「爆買い」をするのは、日本の物価が安いからかもしれないし、欧米のブランド商品を買っているのかもしれないし、商品を中国で販売するためなのかもしれないし、「爆買い」をするのはほんの一部の人かもしれない。そして何かを買うこと以外にも、さまざまなことをして観光を楽しんでいるだろう。しかし日本のメディアで頻繁に報じられたのは、日本製品を「爆買い」する中国人観光客の姿だった（写真7）。このようにある集団に対するステレオタイプで特定のイメージが選ばれることは、表象という概念で説明できる。[52] 表象は英語ではrepresentation であり、何かを表現すること、代表することという二つの意味が込められている。表象とは、ある対象を特定のものとして表現し、それによって代表させることであり、その表現の選択は、表現をする側の価値観や信念に基づく。日本に観光にきた中国人を表現する方法には多様なものがあるにもかかわらず、主に「爆買い」する人々として示し、それによって中国人を代表させる。そして多様な表現が可能であるにもかかわらず、「爆買い」という表現が選ばれるのは、そこに「日本人」の価値観や信念が関わっているからである。

リップマンが主張したステレオタイプの混沌とした現実を秩序だったものにするという認知的特徴は、認知的アプローチの偏見研究では人間の自然な認知機能として捉えられていた。しかし認知的特徴と価値・感情的特徴は不可分であり、人間がほかの人間を認知するという行為は、社会的であることから逃れられない。イギリスの映画研究者リチャード・ダイヤーは、ステレオタイプの重要な機能は、もともと曖昧で流動的なものの境界を明確にし、特定の集団を浮かび上がらせ、「見えなかったものを見えるようにする」ことであり、それは社会で影響力があるものの見方・考え方に沿ったものとしてなされると主張している。(53) 中国人観光客を「爆買い」する人々として認識することは、単に情報を簡素化し、「労力の節約」をしているだけではないということだ。

4　イデオロギーとしてのステレオタイプ

ダイヤーが主張するステレオタイプの「見えなかったものを見えるようにする」という機能は、イデオロギーという概念と重なる。イギリスのメディア研究者テッサ・パーキンスは、ステレオタイプはイデオロギーであると主張した。(54) パーキンスの主張をみていく前に、ここで本書でもすでに何度か使ってきたイデオロギーという概念について説明しておきたい。イデオロギーという言葉に対して、特定の政治思想を思い浮かべる人も多いかもしれないが、イデオロギーとはもっと日常的なものである。イデオロギーを簡単に定義すれば、影響力があるものの見方・考え方になるが、

「誰の」見方・考え方なのか、「なぜ」それが影響力をもつようになるのか、という点に注目する必要がある。

イデオロギーの本格的な議論はマルクス主義で始まった[55]。イデオロギーは権力関係で優位に立つ資本家階級のものの見方・考え方であり、この階級が支配力をもつ社会のあり方を正当化する、つまり真実を資本家階級の都合がいいように歪曲し、労働者階級にそれが真実であると思わせる（自然化）ような「虚偽意識」を作り出すものの見方・考え方であるとされた。

しかし、このようなイデオロギーの捉え方は以下の三つの点で修正が加えられていく。まず、イデオロギーは階級だけではなく、人種、エスニシティ、ジェンダーなどほかの構造的カテゴリーの支配層も関わるものになり、二つめに、「真実」を歪曲する「虚偽意識」ではなく、特定の「現実」を作るものとされた。三つめに、被支配層は、イデオロギーを一方的に押しつけられるのではなく、それを自らすすんで受け入れたり、抵抗したりする存在と見なされるようになった。

三つめの修正に影響を与えたのが、イタリアの革命家アントニオ・グラムシのヘゲモニー概念である[56]。ある見方・考え方がイデオロギーになるためには、支配層が被支配層に強制するのではなく、それが当たり前で自然だと受け入れられる、つまり被支配層の「同意」を得る必要があり、グラムシはそのような影響力をヘゲモニーと呼んだ。このようなヘゲモニーが作用するものとしてのイデオロギー概念には、被支配層がそれに対して自ら「同意」するという実践的側面と一定の能動性が含められ、さらに支配層が被支配層の「同意」を得るために、多様な見方や考え方を取り入れることから、混淆し、矛盾したものを含む動的なものになる[57]。

まとめると、イデオロギーは権力関係と不可分であり、支配層のものの見方・考え方だが、被支配層がそれに「同意」し、日常生活で実践することで、それが以前から存在していたかのような感覚が作られることで影響力をもつ。加えて、イデオロギーはものの見方・考え方、つまり意味のまとまりが実践されることで現実化する意味作用（signification）という効果をもたらす。イギリスの社会学者ジョン・トンプソンが主張するように、イデオロギーは「意味と権力が交差するもの」であり、イデオロギーを分析することは「意味がどのように支配関係を維持するために作用するか」を考察することである。[58]

では、ステレオタイプがイデオロギーであるとはどういうことなのか。パーキンスの主張で重要なものの一つが、ステレオタイプは「正しいと同時に間違っている」というものである。[59]心理学のステレオタイプ研究では、ある集団に対するステレオタイプはその集団を的確に表しているものがあり、ステレオタイプには一定の真実が含まれるという「真実の核」仮説が議論されてきた。[60]しかし、ある特定の「現実」を作る、つまり、もともと「なかった」ものが「ある」ようになるのがイデオロギーの機能であるなら、ステレオタイプは真実か虚偽かという議論はあまり意味がないものになる。ステレオタイプは実践されることで「真実になる」のであり、これはダイヤーが主張した「見えなかったものを見えるようにする」というステレオタイプの機能と重なる。

「黒人は身体能力が高い」というアメリカのステレオタイプを例に考えてみよう。日本の黒人に対するステレオタイプは、特にアメリカの大衆文化の影響が大きく、[61]このステレオタイプは日本でもかなり流通している。アメリカでこのステレオタイプが広まったのは一九三〇年代だとされる。[62]黒人は精神的にも肉体的にも白人に劣る存在とされていて、それ以前にはこのステレオタイプは存在しなかった。しかし、二〇年代から三〇年代に義務教育にスポーツ指導が導入されるなど、それまでは時間と金銭に余裕がある白人富裕層のものだったスポーツが、黒人や移民などの貧困層も経験できるものになり、スポーツ界で活躍する黒人選手が増加していった。白人からの差別や偏見によってほかの産業での成功を阻まれた黒人たちにとって、実力がすべてのスポーツは対等な立場で白人と対戦できる場であり、社会的な成功が可能な数少ない産業の一つになって、スポーツで出世しようとする黒人が増えていったのである。

このステレオタイプは白人が作ったものであり、白人たちがスポーツ試合での敗因を黒人の先天的な能力とすることで自尊心を慰めたが、黒人たちは逆に自尊心を高めるものとしてこのイメージに「同意」し、自分たちのアイデンティティの一部として取り入れていった。[63]その結果、スポーツに熱心に取り組み、したがってスポーツに秀でる黒人が多くなり、「黒人は身体能力が高い」というステレオタイプは「真実になった」のである。イデオロギーとしてのステレオタイプはこのように、原因と結果を反転させる。「黒人は身体能力が高い」というのはステレオタイプが実践された結果なのに、そのような黒人が多いから（＝原因）、ステレオタイプにそれが反映されているとなってしまうのである。

「黒人は身体能力が高い」は肯定的なイメージだから問題ないのでは、と思う人もいるかもしれない。しかし、真実か否かに加えて、肯定的か否定的かもステレオタイプの中心的な問題とはいえず、より重要なのは、ステレオタイプがどのような悪影響を及ぼしているのかである。[64]ある集団に対するすべての単純化された固定的なイメージを問題にする必要はなく、そのイメージが肯定的か否定的かにかかわらず悪影響を及ぼしている場合に問題にすべきなのである。「黒人は身体能力が高い」というステレオタイプは、当初、学者やジャーナリストから支持され、それがメディアで社会的言説として広まり（マクロのイデオロギー的側面）[65]、それを人々が実践することで（ミクロのイデオロギー的側面）、スポーツ界で活躍する黒人が多くなり、ほかの職業につく黒人が少なくなる構造（マクロの構造的側面）が作られてしまう。日本でも陸上、バスケットボール、サッカーなどで活躍する「黒人系ハーフ」選手が増えているが[66]、日本でも普及しているこのステレオタイプが無関係とはいえないのではないか。

パーキンスの重要な主張の二つめは、ステレオタイプは「単純であると同時に複雑」という点である[67]。リップマンが主張したステレオタイプの認知的側面だけに注目し、ステレオタイプはある集団に対する単純化されたイメージだと受け止められることが多い。しかし、同時にステレオタイプは社会的なものであり、そのシンプルなイメージにはステレオタイプをする側とされる側の歴史、政治、経済、文化関係が関わっている。そして、ステレオタイプがイデオロギーだとすれば、人々の「同意」を得る必要があり、説得力をもたせるためにある集団に対して矛盾するイメージを同時に存在させる[68]。したがって、表面的には単純にみえるステレオタイプは非常に複雑でもある。

例えば、アメリカのアジア系の人々に対するステレオタイプの代表的なものに「黄禍（イエローペリル）」と「モデルマイノリティ」がある。二つとも英語では二語で構成される非常にシンプルなイメージである。しかし、この二つのステレオタイプがどのように作られ、使われてきたのかをみていくとその複雑さが理解できる。「黄禍」は、世界に禍をもたらすという西洋の黄色人種に対する「恐怖、嫌悪、不信、蔑視を表現したもの」[69]である。フン族、モンゴル、オスマントルコなどのヨーロッパ侵攻に関する西洋の記憶を背景に、十九世紀後半から二十世紀前半、アジア地域の人口の多さ、大国中国と帝国主義国化しつつあった日本への警戒、アジアからアメリカへの移民の増加などを背景に広まった。

一方、アメリカ社会の人種差別に激しく抗議する黒人を中心とした公民権運動を背景に一九六〇年代に出てきた「モデルマイノリティ」は、アジア人は不平を言わず、法を順守し、強い家族の絆を作り、教育熱心であることで社会的地位を上げているという、アメリカのマジョリティである白人の価値観や信念に基づくステレオタイプである。アジア人が「モデルマイノリティ」であるとは、黒人にとっての「モデル」という意味であり、アジア人のように自力で成功できないのは、黒人自身の問題であり、白人の人種主義の問題ではないとして人種主義の否定につながるステレオタイプである[70]。

アジア人が白人を脅かす存在であるときには「黄禍」として否定的にステレオタイプ化し、そうでないときには黒人などほかのマイノリティからの人種主義に対する抗議を牽制し、アメリカの人種主義を否定してくれる存在「モデルマイノリティ」として肯定的にステレオタイプ化する[71]。一九八〇年代に日本経済、二〇一〇年代に中国経済がアメリカ経済を脅かすようになると「黄禍」が前景化し、アジア諸国との関係が良好なときは「モデルマイノリティ」が前景化するというように、アメリカ国内外の政治・経済・社会的状況によってこの二つのステレオタイプが使い分けられるのである。
ステレオタイプは、「作る側」と「作られる側」の過去そして現在の権力関係を踏まえて理解することが不可欠である。[72]ステレオタイプの弾力性、つまり変化しにくいが、矛盾するイメージを同居させる柔軟性があることは、ある集団に対する意味や見方が歴史的に積み重ねられ、それが他者との関係で使われる文化的資源として使われ続けるところからきている。[73]したがって、あるステレオタイプは長い間影を潜めていても、突然、新たな社会的文脈で再登場して再利用されるのである。[74]ステレオタイプは文化的記憶と理解することも可能であり、ミクロにとどまらずマクロとすると、ステレオタイプは文化的記憶と理解することも可能であり、ミクロにとどまらずマクロのイデオロギー的側面に関わることになる。

例えば、二〇一一年三月十一日に発生した東日本大震災では、被災地で「外国人犯罪が横行している」、二〇一一年三月十三日深夜に福島県と宮城県で震度六強を記録した地震のあとに、朝鮮人や黒人が「井戸に毒を投げている」[75]、二〇一六年四月十四日に熊本県で震度七の地震が発生したあとに、「熊本の朝鮮人が井戸に毒を投げ込んだ」というデマがツイートで拡散された。[76]このデマはもともと一九二三年九月一日に発生した関東大震災で、その混乱に乗じて朝鮮人が暴動を起こして「各地に放火」し、「井水に毒を投ずる」などという誤認情報を内務省や関東地方の役所、警察署などが流し、それによって軍隊や「日本人」民衆の自警団が、多くの朝鮮半島出身者を虐殺した原因になったものである。[77]

同じようなイメージは、二〇〇〇年四月九日に陸上自衛隊練馬駐屯地で開かれた創隊記念式典での当時の石原慎太郎東京都知事のあいさつにも明確に表れている。石原元都知事は、「東京では不法入国した三国人、外国人の大きな犯罪が繰り返されている。大災害が起きたら騒じょう事件も想定される。警察の力には限りがある。皆さんには災害だけでなく、治安の維持も目的として遂行してほしい[78]」と述べた。「三国人」とは、戦後にGHQの占領下の日本で、連合国や中立国の人々でもなく、「日本人」でもない人々、つまり日本が植民地支配をしていた朝鮮半島や台湾出身の人々を指して使われた言葉である。「日本人」がこれまで使っていた差別的な言葉（例えば「不逞鮮人」など）の代用として、さらに植民地解放で自由になったこれらの人々に対するやっかみや反感を込めて使っていた[79]。災害直後の混乱に乗じて「外国人」が犯罪や暴動を起こす、というステレオタイプは、このように繰り返し使われることで「日本人」の文化的資源かつ文化的記憶となっていく。

本章では偏見とステレオタイプの概念的議論、この二つの概念の関連性とこれらを社会的・歴史的に捉えていく必要性について論じてきた。最後の第7章では、偏見とステレオタイプとともに人種主義のミクロのイデオロギー的側面に関わるアイデンティティについてみていく。

注

（1）例えば、Dovidio, John F., Hewstone, Miles, Glick, Peter and Esses, Victoria M., “Prejudice, Stereotyping and Discrimination: Theoretical and Empirical Overview,” in John F. Dovidio, Miles Hewstone, Peter Glick and Victoria M. Esses eds., *The Sage Handbook of Prejudice, Stereotyping and Discrimination*, SAGE Publications, 2010, pp. 3-28, Stangor, Charles, “Volume Overview,” in Charles Stangor ed.,

Stereotypes and Prejudice: Essential Readings, Psychology Press, 2000, pp. 1-16.

（2）大江朋子「ステレオタイプと社会的アイデンティティ」、北村英哉／唐沢穣編『偏見や差別はなぜ起こる？――心理メカニズムの解明と現象の分析』ちとせプレス、二〇一八年、九―一三ページ

（3）Duckitt, John, "Historical overview," in Dovidio, Hewstone, Glick and Esses eds., *op. cit.*, pp. 30-31, Reynolds, Katherine J., Haslam, S. Alexander and Turner, John C., "Prejudice, Social Identity and Social Change: Resolving the Allportian problematic," in John Dixon and Mark Levine eds., *Beyond Prejudice: Extending the Social Psychology of Conflict, Inequality, and Social Change*, Cambridge University Press, 2012, p. 50.

（4）Miles and Brown, *op. cit.*, pp. 58-59.

（5）我妻洋／米山俊直『偏見の構造――日本人の人種観』（ＮＨＫブックス）、日本放送出版協会、一九六七年、三―四ページ

（6）例えば、高史明／雨宮有里「在日コリアンに対する古典的／現代的レイシズムについての基礎的検討」（日本社会心理学会「社会心理学研究」編集委員会編「社会心理学研究」第二十八巻第一号、日本社会心理学会、二〇一三年）六七―七六ページ、前掲『レイシズムを解剖する』。

（7）高史明「人種・民族」、前掲『偏見や差別はなぜ起こる？』所収、一一二―一一三ページ

（8）Ross, Tara, "Media and Stereotypes," in Steven Ratuva ed., *The Palgrave Handbook of Ethnicity*, Palgrave Macmillan, 2019, pp. 1-17.

（9）Pickering, Michael, *Stereotyping: The Politics of Representation*, Palgrave Macmillan, 2001, pp. 1-2, 23.

（10）萩原滋／国広陽子編『テレビと外国イメージ――メディア・ステレオタイピング研究』勁草書房、

二〇〇四年、iiページ
(11) Reynolds, Haslam and Turner, op. cit., pp. 50-51.
(12) Dovidio, John F., "On the Nature of Contemporary Prejudice: The Third Wave," *Journal of Social Issues*, 57(4), 2001, pp. 829-849, Duckitt, op. cit.
(13) Ibid., pp. 30-32.
(14) Ibid., p. 33.
(15) T・W・アドルノ『権威主義的パーソナリティ』田中義久／矢沢修次郎／小林修一訳（「現代社会学大系」第十二巻）、青木書店、一九八〇年、一〇ページ
(16) Duckitt, op. cit., pp. 33-35.
(17) Ibid., pp. 35-38.
(18) 例えば、Dixon, John and Levine, Mark, "Introduction," in Dixon and Levine eds., *op. cit.*, pp. 1-23.
(19) Reicher, Stephen, "From Perception to Mobilization: The Shifting Paradigm of Prejudice," in *Ibid.*, pp. 27-47.
(20) G・W・オルポート『偏見の心理』原谷達夫／野村昭訳、培風館、一九六一年、八ページ
(21) 同書一七―二一ページ
(22) 同書二五ページ、Allport, Gordon W., "The Nature of Prejudice," in Stangor ed., *op. cit.*, pp. 30-31. 原文に基づいて日本語訳を一部変更している。
(23) 同書二七―六〇ページ
(24) 同書三七ページ
(25) Duckitt, op. cit., pp. 35-38.

（26）Tajfel, Henri and Forgas, Joseph P., "Social categorization: Cognitions, Values and Groups," in Stangor ed., *op. cit.*, p. 57.

（27）例えば、上瀬由美子『ステレオタイプの社会心理学――偏見の解消に向けて』（〔セレクション社会心理学〕、サイエンス社、二〇〇二年）、加賀美常美代／横田雅弘／坪井健／工藤和宏編著『多文化社会の偏見・差別――形成のメカニズムと低減のための教育』（明石書店、二〇一二年）、八島智子／久保田真弓『異文化コミュニケーション論――グローバル・マインドとローカル・アフェクト』（松柏社、二〇一二年）など。

（28）Tajfel, Henri and Turner, John, "An Integrative Theory of Intergroup Conflict," in W. G. Austin and S. Worchel eds., *The Social Psychology of Intergroup Relations*, Brooks/Cole Publishing, 1979, p. 40.

（29）Ibid., p. 41.

（30）Duckitt, op. cit., pp. 37-38.

（31）Tileagă, Christian, *The Nature of Prejudice: Society, Discrimination and Moral Exclusion*, Routledge, 2016.

（32）Pehrson, Samuel and Leach, Colin Wayne, "Beyond 'Old' and 'New': For a Social Psychology of Racism," in Dixon and Levine eds., *op. cit.*, p. 121.

（33）例えば、前掲「人種・民族」、Dovidio, op. cit.

（34）Sears, David O. and Henry, Patrick J., "The Origins of Symbolic Racism," *Journal of Personality and Social Psychology*, 85(2), 2003, pp. 259-275.

（35）Ibid., p. 260.

（36）Ibid., p. 260.

(37) McConahay, John B., “Modern Racism, Ambivalence, and the Modern Racism Scale,” in John Dovidio and Samuel Gaertner eds., *Prejudice, Discrimination, and Racism*, Academic Press, 1986, p. 96.

(38) Ibid., p. 93.

(39) 前掲『レイシズムを解剖する』

(40) 同書六二ページ

(41) 同書六二ページ

(42) Dovidio, John F., Gaertner, Samuel L. and Kawakami, Kerry, “Racism,” in Dovidio, Hewstone, Glick and Esses eds., *op. cit.*, pp. 318-321, Gaertner, Samuel L. and Dovidio, John F., “The Aversive Form of Racism,” in Stangor ed., *op. cit.*, pp. 289-304.

(43) Gaertner and Dovidio, op. cit., pp. 290-291.

(44) Dovidio, Gaertner and Kawakami, op. cit., p. 320.

(45) 前掲『日常生活に埋め込まれたマイクロアグレッション』三九ページ

(46) Dovidio, Gaertner and Kawakami, op. cit., p. 319.

(47) Lippmann, Walter, *Public Opinion*, Dover,［1922］2004, Part I, Chapter1. のタイトルが The World Outside and the Pictures in Our Heads である。

(48) ウォルター・リップマン『世論』上、掛川トミ子訳（岩波文庫）、岩波書店、一九八七年、一三一―一三二ページ

(49) Lippmann, *op. cit.*, p. 52.

(50) 前掲『世論』上、一三〇ページ

(51) 例えば、Jaggar, Alison M., "Love and Knowledge: Emotion in Feminist Epistemology," in Jennifer Harding and E. Deidre Pribram eds., *Emotions: A Cultural Studies Reader*, Routledge, 2009, pp. 50-68.

(52) Hall, Stuart, "The Spectacle of the 'Other'," in Stuart Hall, Jessica Evans and Sean Nixon eds., *Representation*, (2nd ed.), Sage, 2013, pp. 247-248.

(53) Dyer, Richard, "The Role of Stereotypes," in Sue Thornham, Caroline Bassett and Paul Marris., *Media studies: A reader*, (3rd ed.), New York University Press, 2009, p. 211.

(54) Perkins, Teresa E., "Rethinking Stereotypes," in Michele Barrett, Philip Corrigan, Annette Kuhn and Janet Wolff eds., *Ideology and Cultural Production*, Routledge, 1979, pp. 135-159.

(55) テリー・イーグルトン『イデオロギーとは何か』(大橋洋一訳〔平凡社ライブラリー〕、平凡社、一九九九年)、ピーター・ブルッカー『文化理論用語集――カルチュラル・スタディーズ＋』(新曜社、二〇〇三年)一三一一七ページなどを参照。

(56) アントニオ・グラムシ、片桐薫編『グラムシ・セレクション』片桐薫訳(平凡社ライブラリー)、平凡社、二〇〇一年、二七八―二八七ページ

(57) 前掲『イデオロギーとは何か』二二九―二六一ページ、ミハイル・バフチン『マルクス主義と言語哲学――言語学における社会学的方法の基本的問題 改訳版』桑野隆訳、未来社、一九八九年、三六―三九ページ

(58) Thompson, John B., "Language and Ideology: A Framework for Analysis," *The Sociological Review*, 35(3), 1987, p. 519.

(59) Perkins, op. cit., p. 155.

（60）Schneider, David J., *The Psychology of Stereotyping*, Guilford Press, 2004, pp. 17-18.

（61）ジョン・G・ラッセル『日本人の黒人観――問題は「ちびくろサンボ」だけではない』新評論、一九九一年、一三三ページ

（62）川島浩平『人種とスポーツ――黒人は本当に「速く」「強い」のか』（中公新書）、中央公論新社、二〇一二年

（63）同書一三三ページ

（64）Pickering, *op. cit.*, pp. 25-26.

（65）前掲『人種とスポーツ』一八一ページ

（66）例えば、「日本のスポーツで「ハーフ選手」が急増する理由――来年の東京五輪でも多くの選手が活躍する」「東洋経済オンライン」（https://toyokeizai.net/articles/-/318844）［二〇二二年九月十九日アクセス］

（67）Perkins, op. cit., pp. 139-140.

（68）Ibid., p. 146.

（69）橋川文三『黄禍物語』（岩波現代文庫）、岩波書店、二〇〇〇年、七ページ

（70）Kawai, Yuko., "Stereotyping Asian Americans: The Dialectic of the Model Minority and the Yellow Peril," *Howard Journal of Communications*, 16(2), 2005.

（71）Ibid.

（72）Pickering, *op. cit.*

（73）*Ibid.*, p. 8.

（74）*Ibid.*, p. 8.

(75)「地震でまたも飛び交ったデマや差別発言 桁違いの拡散、どう対処?」「毎日新聞」二〇二一年二月十四日付(https://mainichi.jp/articles/20210214/k00/00m/040/249000c)［二〇二一年四月二十日アクセス］

(76)「「井戸に毒」悪質デマの根底にあるもの」「沖縄タイムス+プラス」二〇一六年四月十八日付(https://www.okinawatimes.co.jp/articles/-/28059)［二〇二一年四月二十日アクセス］

(77)山田昭次『関東大震災時の朝鮮人虐殺とその後——虐殺の国家責任と民衆責任』創史社、二〇一一年

(78)「石原慎太郎・都知事の治安出動をめぐる発言要旨」「毎日新聞」二〇〇〇年四月十日付夕刊

(79)内海愛子/高橋哲哉/徐京植編『石原都知事「三国人」発言の何が問題なのか』影書房、二〇〇〇年、二〇—三三ページ

第7章　アイデンティティ

アイデンティティを簡単に定義すれば、「私（たち）は誰かということ」、言い換えれば「私（たち）」に対する意味づけである。「私（たち）」とかっこのなかに「たち」を入れているのは、アイデンティティは個人的なものと社会的（集団的）なものが絡まり合ったものだからである。第6章の偏見とステレオタイプと同じく、アイデンティティは人種主義のミクロのイデオロギー的側面に含まれ、個人レベルの実践が関わる（第4章の図3を参照）。人種主義にとってのアイデンティティの問題とは、人種概念で分類された「私（たち）」の意味、そのような意味が実践されて作られた現実（構造）のなかで、個々の人々がどのように「私（たち）」を作っていくのかということに関わる。

人種的・民族的アイデンティティは、特に第5章と第6章で論じてきた差別、偏見、ステレオタイプの実践と重なり合っている。例えば、第5章で紹介した佐藤裕の差別の三者関係モデルは、差別を説明するだけでなく、同時にアイデンティティが作られるプロセスを説明している。中国出身の母親と「日本人」の父親をもつAさんに「国に帰れ」という言葉を投げつけることで、Aさんは「他者化」されて「日本人」とは異なるアイデンティティを作り、発言者とその発言に同調して「同化」された人たちは、「日本人」アイデンティティを作るのである。第6章で紹介した回避的人種主義は、自分は人種平等を支持するという白人リベラル層のアイデンティティが、自らの人種主義を認めることを回避させると理解することもできる。「黒人は身体能力が高い」というステレオタイプは、スポーツに懸命に取り組む黒人たちを生み出し、「スポーツが得意」という黒人アイデンティティにつながっていく。

アイデンティティが概念化されるのは二十世紀半ばに入ってからである。[1]しかし、それ以前から、アイデンティティという語が使われなくても、自己（the self〔自我と訳されることもある〕）、そのほかにも主体（subject）や主体性（subjectivity）という語を使って、アイデンティティに関する内容は論じられてきた。それぞれの語を使い分けている場合もあるが、著者によって異なり、語の違いがそれほど重要ではないことも多い。[2]したがって、アイデンティティについて論じる本章には、自己、主体、主体性として議論されてきたことも含める。

ポーランド出身でイギリスの大学で教えた社会学者ジグムント・バウマンが、「「アイデンティティ」という発想は、帰属の危機から生じたもの[3]」と主張するように、アイデンティティや自己の問題化は、それまでの社会のあり方が問い直される状況と密接に関わっている。欧米で自己の概念化が本格化するのは二十世紀前後であり、その背景には、大量生産と大量消費を特徴とする社会の大衆化やそれに伴う都市化、植民地の拡大などで人の移動が激化し、「私（たち）は誰なのか」を問われ、自分自身にもそれを問う機会が増えたことがある。

自己の概念的議論が頂点に達するのは、植民地独立運動、黒人運動、女性運動、学生運動、ベトナム反戦運動、ゲイ・レズビアン運動などが高まっていた一九六〇年代から七〇年代であり、それ以降は減少していった。[4] 一方、アイデンティティに関する学術的研究が増加するのは八〇年代以降であり、特に九〇年代に急増した。[5] この時代には、冷戦の終結、インターネットなどメディア技術の発展などで加速したグローバル化で、人、モノ、情報の国境を超えた移動が激化し、加えて、新自由主義で自己責任、自助努力、個人主義が強調されると同時に、ネイションの崩壊を防ぐため、国民意識を高めるためナショナリズムが強化された。

学術的に注目される概念が自己からアイデンティティへと移り変わっていった背景には、自己の捉え方の変化がある。一九六〇年代から七〇年代に有色人種、女性、貧困層、性的マイノリティなどの周縁化された人々が、西洋、男性、富裕層、ヘテロセクシュアルなどが中心の世界に異議を唱えるなかで、ある社会の主流の（つまりマジョリティの）規範や価値観を内面化して生きる自己という前提が揺さぶられていった。そしてグローバル化で社会の移動性が高まるなかで、自己は、人間が成長して発達させていく本質や核という捉え方から、不安定で、柔軟で、複数なものであるという捉え方に変化していった。アイデンティティは言語に根差すものと説明されることもあるように、言語による構築性が強調される概念であり、動的に捉えられるようになった自己を説明する概念としてより適切だと見なされるようになったのではないか。[6] そして、グローバル化で社会の流動性が高まるなかで、「私（たち）とは誰か」という問いが重要な社会的課題になり、特に九〇年代にアイデンティティ研究が増加したのである。

本章では、まず、初期のアイデンティティ理論を概観したあと、次に、初期の理論では説明しきれないマイノリティのアイデンティティについてみていく。そして、マクロのイデオロギー的側面である言説とミクロレベルの実践であるアイデンティティの関係について論じたあと、人種主義の解決の鍵を握るマジョリティのアイデンティティについて考える。

1　自己と他者

自己についての本格的な概念的議論は、アメリカの社会心理学者ジョージ・ハーバート・ミードが一九三四年に出版した『精神・自己・社会』（邦訳は『精神・自我・社会』）にさかのぼることができる。ミードは自己を自分の自分に対する意識、つまり自己意識だとした。ミードの自己概念の重要なポイントは四つある。

一つめに、自己は社会的に他者とのコミュニケーションで作られることである。人は自己を生まれながらにもつわけではなく、生まれた社会で話されている言語を習得して周りの人々とコミュニケーションをとり、ミードが「一般化された他者」と呼んだ、自分が関わる社会集団の考え方や行動の仕方を自分のなかに取り入れ、社会の一員になることで自己を作っていく。(7)

二つめに、自己は「再帰的（reflexive）」(8)で「認知的（cognitive）」(9)なものである。自己が「再帰的」であるとは、他者が自分を対象としてみるように、自分も自分を対象として「一般化された他者」の考え方で自分を眺め、自分のなかで対話すること、つまり個人内コミュニケーションをおこなうことである。そして「認知的」であるとは、ここでは感情的（affective）の対義語で使われていて、自己は自分と自分の対話で作られる思考の産物であることを意味する。

そして、どのように対話するのかが三つめのポイントである。自己は「一般化された他者」の考え方を取り入れた社会的自己（me）と、それに反応する個人的自己（I）の間のコミュニケーションの結果である。[10]

四つめに、社会的自己に対する個人的自己の反応は同じではないからこそ、一人ひとりの自己は異なり、[11]さらに個人的自己の反応を通して「一般化された他者」のものの見方や考え方を変化させ、社会を変化させることが可能になる。[12]

アイデンティティという語を概念として最初に使ったのは、ドイツ出身でナチスから逃れるためにアメリカに移住したフロイト派の精神分析学者エリク・エリクソンである。[13]二十世紀半ばに出版された『アイデンティティとライフサイクル』（一九五九年）や『アイデンティティ――青年と危機』（一九六八年）で、アイデンティティについての議論を展開している。フロイトが個人のもつ「心的なプロセスの一貫性のある組織」を自我（ドイツ語で Ich ＝私）[14]とし、それには意識、前意識、無意識の領域があると考えたように、フロイト派のエリクソンもアイデンティティには意識だけでなく、前意識や無意識も関係すると捉える。[15]そのうえで、エリクソンは、アイデンティティとはある人が同じ自己（自己斉一性〔selfsameness〕）が永続する（時間的連続性〔continuity in time〕）と感じ、

同時にそれが社会的に認められているとその人が感じることだとした。(16)

この自己の一貫性と社会的承認に加えて、エリクソンはアイデンティティを以下のように特徴づけている。一つめに、アイデンティティは、個人がある社会で生まれて成長するなかで段階的に発達すること、二つめに、アイデンティティはさまざまな自分の側面を「統合する方法」であることだ。(17)成長過程で、人々はさまざまな社会的役割を取り入れ（例えば子ども、女、男、大学生、社会人、「日本人」など）、それらをうまく統合させ、一貫した自己を作るだけでなく、それが社会の期待に沿うものである必要がある。したがって、統合しない自己や社会的に承認されない自己は、アイデンティティの混乱、アイデンティティの危機など、逸脱した状態と見なされる。

ミードの自己、エリクソンのアイデンティティ概念に共通しているのは、自分が自分をどのように感じているかということと、周りの人々からの自分に対する意味づけ、つまり個人的自己・アイデンティティと社会的自己・アイデンティティが不可分で一体なものとされていることである。しかし、ミードやエリクソンの議論は、アメリカのマジョリティである白人を基準としたものであり、人種・エスニックマイノリティのアイデンティティを同じように論じることはできない。アメリカの人種・エスニックマイノリティの社会的自己・アイデンティティには、白人からの評価や視線が関わってくるが、それは否定的であることが多い。ミードのように自己は「一般化された他者」の考え方を取り入れた社会的自己との対話で形成される、エリクソンのようにアイデンティティは自己の一貫性と社会的承認を必要とするとしてしまうと、人種・エスニックマイノリティのアイデンティティは否定的にならざるをえなくなってしまう。

2　マイノリティとアイデンティティ

アフリカ系アメリカ人の社会学者で歴史学者、黒人解放運動家でもあったウイリアム・エドワード・バーグハート・デュボイスは、個人的アイデンティティと社会的アイデンティティが必ずしも一体化しないことを、一九〇三年に出版された『黒人のたましい』で指摘している。デュボイスは、アメリカでアフリカ系であることは、アメリカ人であることと黒人であることの「自己の二重性」を感じて生きることである主張した。(18) 自己が二重であるとは、「二重の意識」をもつことであり、これは「たえず自己を他者の目によってみるという感覚、軽蔑と憐びんをたのしみながら傍観者として眺めているもう一つの世界の巻尺で自己の魂をはかっている感覚(19)」のことである。

アフリカ系アメリカ人だけでなく、自分からみた自分と社会からみた自分という二重の意識、つまり「たえず自己を他者の目によってみるという感覚」は、誰もがある程度、経験することだろう。例えば、自分は女性であると自認している人が、「自分は女らしくないのでは」と思うとき、社会で期待されている女性像と比較してそのように感じるのではないだろうか。しかし、デュボイスが問題にしたのは、黒人にとっては、ミードの「一般化された他者」が複数存在すること、つまり、黒人社会と白人社会それぞれの「一般化された他者」が存在するという二重性である。それによって、エリクソンが主張したアイデンティティにとって重要な自己の一貫性は、黒人社会では承認されていたとしても、白人社会では承認されないことが起きる。そして重要なのは、アメリカではマジョリティである白人の「一般化された他者」の影響力が黒人のそれよりも強いことである。したがって、黒人たちは白人社会からの「軽蔑と憐びん」を「傍観者として眺め」、社会的アイデンティと個人的アイデンティティを分離させることでそれに対処するのである。

アイデンティティの社会的部分と個人的部分を分離できるとしたのが、カナダ出身でアメリカの大学で教えた社会学者アーヴィング・ゴッフマンである。[20] この二つを分離可能なものとすることで、たとえマイノリティがマジョリティのネガティブなまなざしから完全に自由になることはできなくても、それに基づく社会的自己・アイデンティティは操作可能なものになり、それを全面的に受け入れた否定的なアイデンティティを作るわけではないことになる。ゴッフマンにとって、アイデンティティ（自己）とは、ミードやエリクソンが主張したような、人間が成長の過程で社会的役割を取り入れて発達させるような本質的なものではない。日常生活で、例えば、子ども、女、男、大学生、社会人、「日本人」などの社会的役割を演じたパフォーマンスを「寄せ集めて生じる一つの劇的効果[21]」が、ゴッフマンにとってのアイデンティティである。

ゴッフマンは一九六三年に出版された『スティグマの社会学』で、何らかのスティグマを負わされた人々、つまり、マイノリティのアイデンティティに注目し、アイデンティティは人々が日常社会で文脈に合わせて操作的に使っていくものであるとした。スティグマは「属性ではなくて関係を表現する言葉」とゴッフマンが主張するように、[22] スティグマはそれ自体が負の特徴ではなく、あくまでもマジョリティが好ましくないと定めた差異である。[23] 言い換えると、スティグマとはマジョリティがスティグマとして扱うものであり、マイノリティとはもともとマイノリティなのではなく、マジョリティによってマイノリティ化された人々である。例えば、在日コリアンや部落出身であることは、それ自体がスティグマなのではなく、「日本人」がそれをスティグマと見なしただけであり、それによって「日本人」がこれらの人々をマイノリティ化したということである。

ゴッフマンは、マジョリティからのネガティブな評価や視線をかわすために用いるスティグマ管理・操作の方法の例をいくつか挙げている。ゴッフマンはスティグマを人種やエスニシティだけではなく、障碍、犯罪、セクシュアリティなど多様なもので論じているが、ここでは日本の人種と民族に関わる例を挙げて説明する。

一つめはスティグマ（として扱われるもの）を隠す、もしくは見えにくくするという「擬装」である。[24] 例えば、在日コリアンが日本式名を使う、部落出身者が自分の出身地について語らないことである。

二つめは、スティグマを別のスティグマの程度の低いものとして示す「代替」である。[25] 例えば、ナイジェリアから日本に移民してきた人が、自らをアフリカ系アメリカ人であると周囲に言うようなケースである。同じ黒人であってもアメリカ人と言えば、「日本人」からの視線が肯定的になることが多いからである。

三つめは、「距離化」であり、スティグマの存在を知られないようにするため、周囲の人と親しくなるのを避けたりすることなどがある。[26] 例えば、在日コリアンや部落出身者であることを知らない「日本人」から交際を申し込まれたが、交際する前に断ってしまうことである。

四つめが「選択的告白」である。[27] 少数の人にはスティグマを明らかにしておき、スティグマを理由として降りかかってくる日常の否定的な経験に対処する方法である。例えば、中国出身で日本国籍を取得した両親をもち、日本で生まれ育った人が、特に親しい友人だけにはその事実を告げておくような場合である。その事実を知らない別の友人がいるときの会話で、中国人に対するネガティブなステレオタイプが語られても、「それは固定観念だよね」などと言って介入してもらえることがある。

五つめが「自発的告白」である。[28] 自分からスティグマを明らかにすることで、スティグマを非スティグマ化することである。例えば、日本で日系ブラジル人の両親から生まれて育った人が、日本式名だけでなくカタカナのミドルネームを使用するようなケースである。周囲から外見的にも文化的にも「日本人」とみられてしまうところを、あえてミドルネームを使うことで、ブラジル人でもあることを周りの人々に示すのである。

「自発的告白」という個人的な実践を集団レベルまで拡大したのがアイデンティティ・ポリティクスだろう。アイデンティティ・ポリティクスとは、マイノリティがマジョリティによってスティグマ化された社会的アイデンティティを非スティグマ化することであり、一九六〇年代から七〇年代アメリカの反人種主義運動や女性運動のなかで登場した。[29] アメリカの黒人たちは、白人によって否定的に捉えられてきた黒人とその文化を、「ブラック・イズ・ビューティフル」と主張して肯定的なものとして示し、白人が自分たちを定義することを拒否した。アイデンティティ・ポリティクスは、マイノリティが自己規定権を自らの手に取り戻すという意味で非常に重要である。しかし同時に、マイノリティの集団としてのアイデンティティを強調するあまり、マイノリティ集団内の多様性（例えば黒人男性と黒人女性の経験の違いなど）がみえにくくなるという可能性に注意する必要がある。

3　アイデンティティと言説

マイノリティにとって社会的アイデンティティは操作可能なものだったとしても、マジョリティからの否定的なまなざしから自由にはなれない。アメリカの哲学者でジェンダー理論研究者のジュディス・バトラーは、ゴッフマンと同じくアイデンティティはパフォーマティブなものであると捉える。[30]しかし、ゴッフマンは個人をアイデンティティを操作する能動的な存在と見なすが、バトラーにとっての個人は社会的言説によってアイデンティティをもたされ、行為させられる存在である。バトラーは、その著書『触発する言葉』（一九九七年）で、侮辱、中傷、ヘイトスピーチなど言葉で人を傷つける行為とアイデンティティ（主体）との関係について論じている。バトラーによると、言葉によって人が傷つくのは、人は言葉によって存在するようになる、つまりアイデンティティを「もつ」ようになるからである。[31]バトラーは、人が言葉によって存在するようになることについて、イギリスの哲学者ジョン・L・オースティンの言語行為論、フランスの哲学者ミシェル・フーコーの言説実践、同じくフランスの哲学者ルイ・アルチュセールの「呼びかけ」という理論に基づいて説明している。オースティンが言語学的に発話レベルで論じた言語行為論を、フーコーの言説実践に依拠して社会的そして時間的に広がりをもたせ、さらにそれをアルチュセールの「呼びかけ」を絡ませている。

言語行為論では言語や非言語を使って何かを語ることは、何かを記述して意味を伝える（発語行為）だけではなく、語られた内容が行為として現実化したり（発語内行為）、納得する、脅かす、驚かせるなど何らかの効果が達成されたりするもの（発語媒介行為）だとする。[32] フーコーも「語ることと、それは、何かをなすことである」[33] と主張するように、語ることは行為や効果をもたらすが、その語りは集合的な言説であり、オースティンのように人を能動的に言葉を使って語る存在と捉えるのではなく、人はあくまでも言説によって語らされる存在であるとする。フーコーはイデオロギーを階級に還元する古いマルクス主義的な捉え方に反対して、イデオロギーという語の使用を避けているが、イデオロギー概念が修正されてきたことを考慮すると（第6章を参照）、言説はイデオロギーと言い換えてもいいだろう。[34] 例えば、「泣くな、男だろう」と言われた男の子が泣きやむ（＝行為）。この言葉は、家庭や学校、メディアなど社会のいろいろなところで繰り返され（＝言説形成）、その男の子は「男は泣いてはいけない存在だ」と思うようになる（＝効果）。そしてその効果を日常生活で繰り返し行為していくことでその男の子は泣かない男性になっていく（＝言説実践）。

アルチュセールの「呼びかけ」は、イデオロギー（言説）は、それに基づいて人々が行為し、アイデンティティ（主体）を作ることで現実になることを説明した概念である。「呼びかけ」は、警察官が「おい、お前、そこのお前のことだ！」という呼びかけに、つい振り向いてしまうという例で説明されるが、[35]ここでのポイントは「お前」である。これは代名詞であり、個人を特定したものではないが、それでも警官に「お前」と呼びかけられると、もしかして自分のことかもしれないと思って立ち止まったり、振り向いたりする。その瞬間、人は名指しされた存在となる。「泣くな、男だろう」と言われた男の子は、泣きやんだ瞬間、その「呼びかけ」に振り向いて「男」になるのである。第6章でイデオロギーの影響力はそのヘゲモニー性、つまり人々から「同意」を獲得するところにあると説明したが、「呼びかけ」に振り向くことが「同意」の瞬間である。

アイデンティティを「もつ」こと、例えば、男や女になること、「日本人」になることは、このように「呼びかけ」られることで可能になる。[36]人は言葉によって他者から「呼びかけ」られ、名指しをされることで、アイデンティティを「もち」、何者かになる。つまり人は言葉の存在であり、ヘイトスピーチや人種差別発言が人を傷つけるのは、それが言葉の暴力であるからこそである。

さらに、バトラーはヘイトスピーチや人種差別発言は「呼びかけ」だとして、「憎悪発話の発言は、私たちが隷属している普段のプロセスの一部をなしている。つまりそれは、呼びかけという作用そのものであり、主体が隷属によって形成されるときの、言説の不断の反復行為である現在進行中の主体化＝隷属化である」[37]と主張している。アイデンティティを「もつ」ことは（主体化）、他者の「呼びかけ」に応じて他者の要求する自分になること（隷属化）であり、ヘイトスピーチや人種差別発言もそのような「呼びかけ」の一部である。

しかし、なぜ人は「呼びかけ」に振り向く、つまり語られた内容のとおりに行為するのだろうか。バトラーは「呼びかけ」をオースティンの発語内行為に結び付けて説明する。オースティンによると、すべての発言が行為につながるわけではなく、ある発言が発語内行為になるのは、それが慣習に基づくものだからである。[38] 同じように、人が振り向くのは、「呼びかけ」が「現存する慣習を引用する」からである。[39]「泣くな、男だろう」と周りの大人が男の子に言うのも、その男の子が泣きやむのも、その言葉が反復されて慣習になっているから、つまり「そうであるもの」と一般的に考えられているからということになる。そして、慣習はイデオロギーや言説と言い換えることが可能である。

ヘイトスピーチや人種差別発言は、「呼びかけ」られた側のアイデンティティだけではなく、そのような発言をする「呼びかけ」る側のアイデンティティも作っている。そもそも「呼びかけ」られるためには、「呼びかけ」る人がいなくてはならないが、その人も「呼びかけ」られることで「呼びかけ」る人になる。「呼びかけ」が慣習を引用する行為であるなら、「呼びかけ」としてのヘイトスピーチや人種差別発言も同様に慣習の引用行為である。[40] ヘイトスピーチや人種差別発言をする人は、慣習、言い換えれば社会的言説に「呼びかけ」られて、それを引用して「呼びかけ」る人になったのである。しかし、このような人々にも引用した責任は存在するとして、この点でバトラーは個人に一定の能動性を認めている。[41] つまり、ヘイトスピーチや人種差別発言は、まずはそのような慣習が存在する社会全体の問題であり、同時にそれを引用する個人の問題でもある。

例えば、外国にルーツをもつ人々によく投げつけられる「国に帰れ」という発言（第5章を参照）や、ヘイトデモの参加者が、在日コリアンなどを対象に「日本からたたき出せ」（第4章を参照）と叫ぶことは、日本社会で根強い影響力をもつ単一民族神話、つまり日本は「日本人」の国で

写真8　ウトロ地区の放火現場の焼け跡（毎日新聞社提供）

あるという考え方が慣習になっていて、それをさまざまに引用しているものだと説明できる。

そして引用はさらなる引用につながっていく。二〇二一年八月に在日コリアンの集住地区である京都府宇治市のウトロ地区に放火し、住宅など七棟を全半焼させ（写真8）、同年七月にも愛知県名古屋市の韓国民団愛知県本部や韓国学校の雨どいにライターで火を付け、建物の壁や芝に被害を与えた「日本人」の二十代男性が「外国人を日本からたたき出す存在」としてのアイデンティティを作り、このような行為に至るのはその一例といえる。

この男性はこの犯罪の目的について、在日コリアンに「恐怖感を与え、追い出す」狙いがあった」と取材した記者に語ったという。[42] このように引用が繰り返されることで、日本の人種的・民族的マイノリティに「日本にいてはいけない存在」としてのアイデンティティをもたせてしまうことになる。

しかし、ヘイトスピーチや人種差別発言は発語内行為としてだけではなく、発語媒介行為としてもみていく必要がある。[43] 発語媒介行為とは、語られたことがそのまま行為になるのではなく、何らかの効果をもたらすものだった。ウトロ地区放火事件で、在日コリアンに恐怖を与えるという効果が生じるだけでなく、逆に憤りを覚えさせ、断固として追い出されないという意志を強めるという効果を生み出すこともあるだろう。さらに、「ヘイトスピーチ、許さない。」という法務省のウェブサイトでは、ヘイトスピーチの例として「○○人は出ていけ」「□□人は殺せ」などが提示されているが、[44]このようにして直接的に表現されなくても、人種的・民族的マイノリティに恐怖を感じさせ、尊厳を傷つける効果を与えることがある。例えば、朝鮮半島や中国につながる人々をターゲットとしたヘイトデモで、しばしば登場したナチスのハーケンクロイツ（鉤十字）旗である。この旗を掲げるべきでない理由として最も重要なのは、ナチスが国際的な非難の対象だからではない。ユダヤ人などを大量虐殺したナチスのシンボルを掲げることで、東アジア出身の人々に自分たちも虐殺されるかもしれないという恐怖を抱かせるという効果を引き起こすからである。ヘイトスピーチや人種差別発言は語られた内容だけではなく、その効果もみていく必要がある。

ジャマイカ出身でイギリスの大学で教えた社会学者で文化研究者のスチュアート・ホールは、バトラーと同じく言説（もしくは慣習、イデオロギー）の影響力の強さを前提としながらも、個人の能動性をより多く認める。ホールによると、アイデンティティは言説と個人が「出会う点、縫合の点」であり、「暫定的な接着点」である。[45]つまり、個人が言説に「呼びかけ」られ、それに振り向くことでアイデンティティを「もつ」が、それはあくまでも一時的なポジションにすぎない。言説に「呼びかけ」られ、それに振り向いたとしても、永遠に振り向いたままではないかもしれないし、同じ振り向く行為であっても、喜んで振り向くのか、いやいや振り向くのかなどその振り向き方は異なる。例えば、「男は泣かない」と昔は思っていても、いまはそう思わなくなった人や、この考え方はおかしいと思っていても人前では泣かないようにする人など、さまざまなケースがあるだろう。

ホールにとって、アイデンティティは統一された安定的なものではなく、分割され、複数で、「たえず変化・変形のプロセスのなかにある」[46]ものである。なぜなら、アイデンティティは、表象や言説の内側で、権力が作用する具体的な歴史そして制度のなかで、他者との差異化という動的なプロセスを通して作られるからである。[47]例えば、親や親族の出稼ぎで日本に住むことになったフィリピン人の子どもたちは、「正統なフィリピン人」と自己定義しても、日本滞在が長期化すると、使用言語は日本語とタガログ語が交じり合い、フィリピンに一時帰国すると違和感を覚えるようになり、「ホーム」は日本になっていく。[48]フィリピンにはアメリカ植民地だった歴史があり、英語が公用語の一つとして用いられていることから、フィリピン人の子どもは日本で英語を学ぶ子どもよりもかなり高い英語力をもち、日本語でおこなわれるほかの科目では後れをとっても英語は成績がいいことが多い。英語力が重視される一方で、国際的に「日本人」の英語力は低いという表象がメディアで頻繁におこなわれる日本で、英語ができることは周りから肯定的に評価されることから、英語はフィリピン人の子どもが「日本人」の子どもと差異化し、自己肯定感を支えるものとして作用する。

人種・エスニシティ・民族が関わる文化的アイデンティティは、特に歴史の役割が重要である。ホールは、文化的アイデンティティを「歴史が介在してきたがゆえに「私たちがなってしまったもの[49]」であり、「歴史と文化の言説の内部で創られる[50]」とする。第1章と第2章でみてきたように、歴史的に作られてきた人種・民族という概念に基づき、「日本人」や黄色人種という集団は存在するようになった。現在でも根強く残る、「日本人」「日本語」「日本文化」が三位一体になった存在が「日本人」という見方は、「日本人」の文化的アイデンティティともいえるが、これは西洋の人種概念に抗い、民族という概念を立ち上げ、「日本人」をほかの黄色人種と差異化して自らを優位に置き、植民地化や侵略をおこなうなかで、「日本人」が「なってしまったもの」である。

しかし、アイデンティティは「暫定的な接着点」であり、固定されたものではない。国の政策、法律、教育、家庭、メディア表象などで実践される言説もしくはイデオロギーに「呼びかけ」られても振り向かない、もしくは振り向いてしまったとしてもそれに意識的になることで、接着しなかったり、接着点を移動させたりすることができる。そしてアイデンティティは動的であるだけでなく、分割していて複数なものでもある。「日本人」の文化的アイデンティティを、人種的・民族的マイノリティの人々の文化的アイデンティティを尊重しながら、同時に包摂するものとして変化させることも可能だということである。

4　マジョリティ性

マジョリティであることは、アイデンティティを日常的に意識しなくても生きていけることでもある。日本にいるマジョリティとしての「日本人」にとって、日常生活で人種的・民族的アイデンティティを意識することは、マイノリティに比較すると非常に少ないだろう。日本では、ジェンダー、セクシュアリティ、階級、障碍などに関わるアイデンティティがより重要だったりするが、海外に出ると「日本人」であることを意識するようになった、という経験をもつ人は多いのではないだろうか。その理由は、日本にいる「日本人」は、人種・民族については「二重の意識」をもったり、差異がスティグマ化されたりすることはなく、さらに、人種的・民族的マジョリティであることで得られるさまざまな特権が「当たり前」なものと捉えられるからである。

マジョリティ性を考えるうえで、一九九〇年代に活発になったアメリカの白人性研究が参考になる。イギリス出身でアメリカの大学で教えた社会学者ルース・フランケンバーグの『白人女性にとって人種は重要』（一九九三年）では、白人性は以下の三点の特徴があると説明されている[51]。一つめは、白人性とは構造的な優位性、特権を意味する。白人であることで、ほかの人種よりも社会的に優位な立場に置かれることである。二つめは、白人性とは自己、他者、そして社会を捉えるときの立ち位置（standpoint）である。同じ景色を見ていても立っている位置が違うと見える景色が違うように、白人と黒人ではアメリカ社会の政治的・経済的・社会的位置が異なることで日常での経験が異なり、自己や他者そして社会の見え方が異なるということである。そして三つめは、白人性とは名なしの、つまり「普通」で「当たり前」だとされている文化実践のまとまりである。そしてこれら三つの特徴は互いに関わり合っている。白人の構造的な優位性や特権が、その立ち位置を決定し、その文化実践は特殊なものとしてではなくスタンダードなものと見なされる。

この三つをマジョリティ性の特徴として捉えれば、日本でマジョリティとしての「日本人」であること、つまり日本人性にも応用できる。[52]一つめに、日本で「日本人」であることは、「非日本人」よりも社会的に優位な立場に置かれている。例えば、日本で、「日本人」だから就職できない、アパートを貸してもらえない、ということはないが、「日本人」ではないから就職できない、アパートを貸してもらえないということはある。二つめに、日本で「日本人」であることは、日本社会の中心という立ち位置から、自己、他者そして日本社会を眺めている。「日本人」が就職やアパートを借りるとき、学歴や保証人のことで不安に思うことはあっても、自分は「日本人」だから断られると思う人はいないだろうが、マイノリティはその可能性を考えて不安を感じる人がいるだろう。三つめに、日本では「日本人」の文化実践がスタンダードなものだと見なされる。例えば、義務教育では「日本人」の視点から歴史を学び、ＮＨＫ大河ドラマでは「日本人」が常に主人公であり、人種的・民族的マイノリティの視点からの日本の歴史を学ぶ機会は非常に少なく、人種的・民族的マイノリティが大河ドラマの主人公であることはまれだ。[53]

このような日本人性は、日本にいるかぎりあまり意識することがない。それは日本人性の優位性や特権が、「普通」で「当たり前」なものとして認識されるからである。[54]しかし、日本にいる人種的・民族的マイノリティにとって、それは「普通」でも「当たり前」でもない。イギリスのフェミニズム研究者で活動家のサラ・アーメッドが、「特権とは、ある世界を自分たちの視界から遠ざけることを可能にするもの[55]」と述べるように、「日本人」が日本にいるときには、マイノリティの経験している世界がその視界から遠ざけられている。しかし、海外に出てマイノリティとなり、優位性や特権を失うという経験を通して、そのような世界がみえてくるのである。

しかし、マジョリティとしての「日本人」は、ジェンダー、セクシュアリティ、階級、障碍などほかの構造的カテゴリーではマイノリティだったりもする。マジョリティ性の三つの特徴（構造的優位性、立ち位置、文化実践）を使って考えてみても、「日本人」女性と「日本人」男性では構造的優位性のあり方、そして立ち位置も異なるため、日本社会での経験や日本社会の見え方も違うだろう。そして、文化実践でも、例えば、日本史は主に「日本人」男性が活躍する物語として語られ、「日本人」女性の視点からの歴史はスタンダードなものとは見なされない。「日本人」女性であっても、例えば、異性愛者か同性愛者か、貧困家庭か裕福な家庭出身か、障碍者かそうでないか、によって異なるだろう。

重要なのは人種・民族の面でのマジョリティ性を意識したうえで、自分に関わるほかの構造的カテゴリーを意識していくことである。第5章で差別に複数のカテゴリーが関わることを説明する交差（インターセクショナリティ）という概念を紹介したが、交差はアイデンティティを考えるときにも重要な視点を提供してくれる。自分が人種・民族だけが関わる存在ではなく、ジェンダーや階級などほかのカテゴリーが交差する存在であると意識することで、自分が属すると思っている人種・民族内の多様性、そして異なる人種・民族カテゴリーの人々とのつながりがみえてくる。例えば、「日本人」女性は日本にいるベトナム人女性とは人種・民族では異なるが、ジェンダー面では、「日本人」男性よりもベトナム人女性と共通点がよりあるかもしれない。しかし同時に、日本社会のマジョリティである「日本人」であることは、「日本人」女性の経験をベトナム人女性のそれとは異なるものにする。交差はマジョリティ性の構造的優位性を不可視化するようなものとして使うのではなく、それを意識したうえで、自分のなかの複数の立ち位置を意識化するように使うべきである。

社会学者の鄭暎惠は「差別と闘い、自己を解放するとは、アイデンティティをもつことを強制されることからの自由、境界を自由に往来する権利、を求める実践そのものの中にある[56]」と主張している。しかし、マジョリティとしての「日本人」にとっては、在日コリアンである鄭の主張以上のことが求められる。

マジョリティとしての「日本人」が人種主義と闘い、自己を解放するためには、交差を意識して「日本人」の多様性に目を向け、「日本人」「日本語」「日本文化」が三位一体になった「日本人」アイデンティティから自由になること、つまりそのような「呼びかけ」に振り向かず、自分も「呼びかけ」をしないことが重要である。一方で、人種的・民族的マイノリティが日本社会の人種主義に異議申し立てをするときには、「日本人」であることを引き受けなくてはならないだろう。日本の人種概念と人種主義は、北海道そして沖縄を含めたアジア地域の植民地支配、侵略戦争の過去と密接に結び付いていて（第2章と第4章を参照）、そのような過去と向き合うことなくして解決は難しい。さらに、マジョリティ性の構造的優位性、立ち位置、文化的実践という三つの特徴を意識化するためにも、「日本人」アイデンティティを引き受ける必要がある。

過去に起こったことは、現在の日本社会で生きている「日本人」が直接におこなったことではない。しかし、本書を通してみてきたように、「日本人」の意味、それが実践されることで作られる社会の現実、つまり構造には歴史性がある。本章の冒頭で、アイデンティティとは「私（たち）は誰か」に関わることであると述べたが、「私」は「私たち」と分かちがたく結び付いているとともに、「私たち」には歴史性がある。歴史的に「なってしまったもの」としての「日本人」であることを拒否しながら、そのような「日本人」によって周縁化されているマイノリティの声に耳を傾けるために「日本人」を引き受けること。つまり、「日本人」にならないと同時に「日本人」であること。これが日本の人種主義の解決のために、マジョリティとしての「日本人」一人ひとりが日常生活で実践できることの一つではないだろうか。

注

（1）上野千鶴子「脱アイデンティティの理論」、上野千鶴子編『脱アイデンティティ』所収、勁草書房、二〇〇五年、三ページ

（2）Elliott, Anthony, *Concepts of the Self*, (4th ed.), Polity, 2020, pp. 13-14.

（3）ジグムント・バウマン『アイデンティティ』伊藤茂訳、日本経済評論社、二〇〇七年、四八ページ

（4）Elliot, *op. cit.*, p. 17.

（5）Coulmas, Florian, *Identity: A Very Short Introduction*, Oxford University Press, 2019, p. 2.

（6）Jenkins, Richard, *Social Identity*, (4th ed.), Routledge, 2014, p. 6.

（7）G・H・ミード『精神・自我・社会』河村望訳（「デューイ＝ミード著作集」第六巻）、人間の科学社、一九九五年、一九〇―二〇二ページ

（8）同書一七二ページ、Mead, George H., *Mind, Self, & Society*, The University of Chicago Press,

1934, p. 134.
（9）同書二一三ページ、Mead, *op. cit.*, p. 173.
（10）同書二三一ページ
（11）同書二一四―二二〇ページ
（12）同書二四九ページ
（13）前掲「脱アイデンティティの理論」三ページ
（14）ジークムント・フロイト、竹田青嗣編『自我論集』中山元訳（ちくま学芸文庫）、筑摩書房、一九九六年、二一〇ページ
（15）エリク・H・エリクソン『アイデンティティとライフサイクル』西平直／中島由恵訳、誠信書房、二〇一一年、一三四―一三五ページ
（16）同書七―八ページ
（17）エリク・H・エリクソン『アイデンティティ――青年と危機』中島由恵訳、新曜社、二〇一七年、四九ページ
（18）W・E・B・デュボイス『黒人のたましい』木島始／鮫島重俊／黄寅秀訳（岩波文庫）、岩波書店、一九九二年、一六ページ
（19）同書一五―一六ページ
（20）アーヴィング・ゴッフマン『スティグマの社会学――烙印を押されたアイデンティティ』石黒毅訳、せりか書房、二〇〇一年、一八〇ページ
（21）アーヴィング・ゴッフマン『行為と演技――日常生活における自己呈示』石黒毅訳、誠信書房、一九七四年、二九八ページ

(22) 前掲『スティグマの社会学』一六ページ
(23) 同書一九ページ
(24) 同書一五七―一六一ページ
(25) 同書一六一ページ
(26) 同書一六八―一六九ページ
(27) 同書一六一―一六五ページ
(28) 同書一六九―一七二ページ
(29) 坂本佳鶴恵『アイデンティティの権力――差別を語る主体は成立するか』新曜社、二〇〇五年、一八九―一九三ページ
(30) ジュディス・バトラー『ジェンダートラブル――フェミニズムとアイデンティティの攪乱』竹村和子訳、青土社、一九九九年、五八―五九ページ
(31) ジュディス・バトラー『触発する言葉――言語・権力・行為体』竹村和子訳、岩波書店、二〇〇四年、序章
(32) J・L・オースティン『言語と行為――いかにして言葉でものごとを行うか』飯野勝己訳(講談社学術文庫)、講談社、二〇一九年、一四九―一八九ページ
(33) ミシェル・フーコー『知の考古学』慎改康之訳(河出文庫)、河出書房新社、二〇一二年、三九一ページ
(34) 例えば、Hall, Stuart, "The Work of Representation," in Hall, Evans and Nixon eds., *op. cit.*, pp. 32-33.
(35) ルイ・アルチュセール「イデオロギーと国家のイデオロギー装置」柳内隆訳、ルイ・アルチュセー

ル／山本哲士／柳内隆『アルチュセールの〈イデオロギー論〉』（プラチック論叢）所収、三交社、一九九三年、八七ページ
(36) 前掲『触発する言葉』五二―五三ページ
(37) 同書四三ページ
(38) 前掲『言語と行為』一七八―一七九ページ
(39) 前掲『触発する言葉』五三ページ
(40) 同書五四ページ
(41) 同書四三―四四ページ
(42) 徳永猛城／富永鈴香／小西良昭「22歳被告、起訴内容を認める 在日コリアン多い京都・ウトロ地区放火」「朝日新聞」二〇二二年五月十六日付夕刊
(43) 前掲『触発する言葉』六一―六二ページ
(44) 前掲「ヘイトスピーチ、許さない。」
(45) スチュアート・ホール「誰がアイデンティティを必要とするのか」宇波彰訳、スチュアート・ホール、ポール・ドゥ・ゲイ編『カルチュラル・アイデンティティの諸問題――誰がアイデンティティを必要とするのか』宇波彰監訳・解説、柿沼敏江／佐復秀樹／林完枝／松畑強／宇波彰訳、大村書店、二〇〇一年、一五ページ
(46) 同論文一二ページ
(47) 同論文一二―一三ページ
(48) 以下、三浦綾希子『ニューカマーの子どもと移民コミュニティ――第二世代のエスニックアイデンティティ』（勁草書房、二〇一五年）第五章に基づく。

(49) スチュアート・ホール「文化的アイデンティティとディアスポラ」小笠原博毅訳、「総特集 スチュアート・ホール 増補新版」「現代思想」二〇一四年四月臨時増刊号、青土社、九二ページ

(50) 同論文九四ページ

(51) Frankenberg, Ruth, *White Women, Race Matters: The Social Construction of Whiteness*, University of Minnesota Press, 1993, p. 1.

(52) 例えば、藤川隆男「白人研究に向かって――イントロダクション」(藤川隆男編『白人とは何か?――ホワイトネス・スタディーズ入門』〔刀水歴史全書〕所収、刀水書房、二〇〇五年)一一ページ、松尾知明「問い直される日本人性――白人性研究を手がかりに」(渡戸一郎/井沢泰樹編著『多民族化社会・日本――〈多文化共生〉の社会的リアリティを問い直す』所収、明石書店、二〇一〇年)一九一―二〇九ページ。

(53) 過去に十七世紀の琉球王国を舞台にした『琉球の風』(NHK、一九九三年)、日系アメリカ人二世を主人公にした『山河燃ゆ』(NHK、一九八四年)が放送された。

(54) McIntosh, Peggy, "White Privilege: Unpacking the Invisible Knapsack," 1989. (https://psychology.umbc.edu/files/2016/10/White-Privilege_McIntosh-1989.pdf)〔二〇二二年七月二十日アクセス〕

(55) サラ・アーメッド「ハンマーの共鳴性」藤高和輝訳、前掲「現代思想」二〇二二年五月号、九七ページ

(56) 鄭暎惠「アイデンティティを超えて」、前掲『差別と共生の社会学』所収、一九ページ

人種主義に関する用語一覧

本書で使用する人種主義に関する語句を、五十音順で示す。「人種的マイノリティ」「人種的マジョリティ」は、人種、エスニシティ、民族などの人種概念に基づくマイノリティもしくはマジョリティという意味で使っている。

●回避的人種主義（第6章）：aversive racism
人種平等を積極的に支持し、自分は人種差別をする人間ではないと思っている人が無自覚にもっている人種的マイノリティに対する否定的な感情や信念。人種主義を偏見として捉えたもの。

●構造的人種主義（第4章）：structural racism
制度的人種主義を連鎖という観点から捉えたもの。

●古典的人種主義（第6章）：old-fashioned racism

人種間の序列化を強調し、有色人種を劣った存在として見なす態度。人種主義を偏見として捉えたもの。

●象徴的・現代的人種主義（第6章）：symbolic / modern racism
人種的マイノリティに対する否定的な感情、そして個人主義や自助努力を重視する政治的価値観、という二つの要素が結び付いた態度。人種主義を偏見として捉えたもの。

●人種主義の否認（第5章）：the denial of racism
人種主義の軽視や非問題化というような人種なき人種主義の特徴・効果を、主に言語行為という個人レベルの実践で捉えたもの。否認ストラテジーには「否定」「過小評価」「正当化」「言い訳」「被害者非難」「反転」の六つがある。

●人種なき人種主義（第4章）：colorblind racism
人種主義による問題は存在するのに、「人種平等」という理念で人種主義を過去のものとし、「人種は関係ない」として人種をみえにくくすることで、既存の人種的マジョリティ中心の社会を維持するような人種主義。

●制度的人種主義（第4章）：institutional racism

人種主義を制度または構造（例えば政治、法律、労働、教育、文化など）という社会のあり方から捉えたもの。既存の人種的マジョリティ中心の社会のあり方が当然視され、それによって人種的マイノリティが不利益を被っていても問題視されにくいような人種主義。

●生物的・科学的人種主義（第4章）：biological / scientific racism
主に肌の色、目や鼻の形などの外的特徴、加えて、気質や文化などの内的特徴も含めて差異化、序列化し、あらゆる学術分野を総動員してそれを科学的に正当化すること。序列化が強調される。

●体系的人種主義（第4章）：systemic racism
制度的人種主義を歴史的・社会的蓄積という観点から捉えたもの。

●単一民族的人種主義（第4章）
「名無しの単一民族」である「日本人」という概念を軸に、文化的人種主義と人種なき人種主義が混じり合った人種主義。

●日常の人種主義（第5章）：everyday racism
人種に関する言説やステレオタイプなどに基づく行為が日常的に繰り返されることで「当た

り前」になり、それによって既存の人種間の権力関係が維持されること。「周縁化」「問題化」「封じ込め」という三つのプロセスが相互に絡み合う。

●文化的人種主義（第4章）：cultural racism
言語、宗教、習慣などの文化的特徴を生物的特徴であるかのように不変なものと見なし、人種的マイノリティとマジョリティを差異化し序列化すること。差異化が強調される。

●民族的人種主義（第4章）
民族という概念を軸に、生物的・科学的人種主義と文化的人種主義が混じり合った人種主義。

●明示的人種主義（体制）（第4章）：(overtly racist regime)
公的な人種主義的イデオロギー、異人種間結婚の禁止、人種隔離、人種的マイノリティの市民権行使の排除など、あからさまな人種主義的政策や法律が存在、もしくはそれと同様の状態にあり、それによって人種的マイノリティが貧困状態にあること。

おわりに

人種主義に興味をもったのは、一九八〇年代後半、私が高校生だったころだと思う。きっかけの一つが二冊の本である。一冊は、アフリカ系アメリカ人作家ジェームズ・ボールドウィンの『もう一つの国』（野崎孝訳〔集英社文庫〕、集英社、一九七七年）、もう一冊はフォトジャーナリスト吉田ルイ子の『ハーレムの熱い日々』（〔講談社文庫〕、講談社、一九七九年）だ。『もう一つの国』は黒人と白人の間の異性愛と同性愛を描いた小説で、『ハーレムの熱い日々』は六〇年代に反人種主義運動のただなかにあったニューヨーク市ハーレムで生活した著者のルポルタージュである。これらの本を読んで、大学では人種主義について学びたいと思い、学部の卒業論文では南北戦争前のアメリカ南部で野外労働に従事させられた黒人奴隷女性をテーマにした。

そして、当時、南アフリカではアパルトヘイト体制が続いていて、南アフリカ国内だけでなく、世界中で盛んにおこなわれていた反アパルトヘイト運動が、メディアでもよく報道されていた。欧米諸国が南アフリカとの貿易や投資を禁止するなかで、日本が南アフリカの最大の貿易相手になったことが国際的に非難され、日本各地で反アパルトヘイト市民団体が発足し、集会、写真展、コンサート、演劇、キャンペーンなどがおこなわれていた。大学時代には、南アフリカではまだ非合法だったアフリカ民族会議（ＡＮＣ）の東京事務所に着任したジェリー・マツィーラ氏が地元の愛知県に来たときに何度か通訳を務めたことがある（留学経験もなく英語もかなりあやしかったのだが、地方ではそのような英語力でも重宝された）。南アフリカで黒人として生きるとはどういうことなのかについて、直接、当事者と語る経験をもてたことは非常に貴重だった。

このように、私にとってもやはり人種主義は、自分が住む社会や「日本人」である私自身が関わる問題ではなく、アメリカや南アフリカの問題であり、白人の黒人に対するものだった。反アパルトヘイト運動が盛んだったころ、在日コリアンを中心に、外国人登録時に義務だった指紋押捺に反対する運動もおこなわれていたが、これを人種主義に関わる問題として捉えたことはなかった。アメリカで大学院に進学し、自分が人種的マジョリティから人種的マイノリティになって、大学院教育と日常生活での学びのなかで、「人種とは」「人種主義とは」についての考えを深め、日本の人種主義についての見方を改めていった。

本書は、私が二〇一二年からおこなってきた人種主義に関する授業に基づくものである。私が専門とする異文化コミュニケーション研究は、コミュニケーションによって作られる文化的差異が関わる社会的課題を研究対象にする。人種主義は異文化コミュニケーションの重要な課題の一つであるはずだが、日本では人種主義が不可視化されてきたこともあり、そのように見なされることが少なく、手探りで始めたのが本書のもとになった人種主義に関する授業だった。

この授業を始めたとき、人種主義の文献はアメリカに関するものが多く、日本の人種主義についての文献が少ないことが悩みだったが、「ヘイトスピーチ」が社会問題化するなかで、二〇一〇年代半ばから日本の人種主義に関する著作の出版が増えてきたのは心強いことだった。それでも日本の人種的・民族的マイノリティの周縁化の問題を人種主義と位置づけた文献はそれほど多くはなく、日本の人種主義を中心にして、多様な学術分野での人種主義研究をまとめた、専門的でありながらも一般の読者にも読んでもらえるような書籍が必要ではないかという思いをもち続けてきた。それがどこまで達成できたのかは読者の判断に委ねるしかないが、本書が日本の人種主義を考えるきっかけになって、その解決方法を探るために少しでも役立つことを願っている。

最後に、これまでの授業でさまざまな角度からの質問やコメントを寄せてくれた学生たち、それから本書の企画に興味を示して草稿の段階から詳細なフィードバックをしていただいた青弓社の矢野未知生氏に心からのお礼を申し上げたい。

二〇二三年二月

［著者略歴］
河合優子（かわい ゆうこ）
立教大学異文化コミュニケーション学部教授
専攻は異文化コミュニケーション研究
著書に *A Transnational Critique of Japaneseness: Cultural Nationalism, Racism, and Multiculturalism in Japan*（Lexington Books）、編著に『交錯する多文化社会——異文化コミュニケーションを捉え直す』（ナカニシヤ出版）、共著に『多様性との対話——ダイバーシティ推進が見えなくするもの』（青弓社）、『グローバル社会における異文化コミュニケーション——身近な「異」から考える』（三修社）など

青弓社ライブラリー108

日本《にほん》の人種主義《じんしゅしゅぎ》　トランスナショナルな視点からの入門書

発行———2023年4月26日　第1刷
　　　　2024年7月30日　第2刷

定価———1800円＋税

著者———河合優子

発行者——矢野未知生

発行所——株式会社青弓社
　　　　〒162-0801 東京都新宿区山吹町337
　　　　電話 03-3268-0381（代）
　　　　http://www.seikyusha.co.jp

印刷所——三松堂

製本所——三松堂

©Yuko Kawai, 2023

ISBN978-4-7872-3519-0　C0336

岩渕功一／新ヶ江章友／髙谷 幸／河合優子 ほか

多様性との対話

ダイバーシティ推進が見えなくするもの

LGBT、多文化共生、貧困、インターセクショナリティ――様々な分野の多様性との対話から、それらが抱える問題点を検証し、差別構造の解消に向けた連帯と実践の可能性を探る。　定価1600円＋税

髙谷 幸／榎井 縁／安岡健一／原 めぐみ ほか

多文化共生の実験室

大阪から考える

大阪で民族的マイノリティを支える教育や制度、その担い手に光を当てて、「反差別」や「人権」という対抗的な理念に基づき共生を目指す実践としてそれらを再評価する。　定価2000円＋税

上田誠二

「混血児」の戦後史

占領・復興期から現在までの聖ステパノ学園の混血児教育を縦糸に、各時代の混血児の社会的な立場や語られ方を横糸にして、混血児をめぐる排除と包摂の戦後史を活写する。　定価1600円＋税

田中宝紀

海外ルーツの子ども支援

言葉・文化・制度を超えて共生へ

日本の学校で学ぶ海外ルーツの子どものうち、1万人以上が支援がない状態にある。日本語を母語にしない子どもたちへの支援活動を続けてきた経験から現場の実態と提言をまとめる。定価2000円＋税